香山壽夫の炉辺談話

建築は人の心の共同の喜び

目次

ゴーストタウンの町役場、コロラド州
（スケッチブックにコンテ、1986 年）

◉ドローイング＝香山壽夫

サンタ・フェの市場、ニューメキシコ州
（画用紙に鉛筆と水彩、1998 年）

ベッドフォード・スクエア、ロンドン
（スケッチブックにコンテ、1967 年）

運河沿いの通り、ブルージュ、ベルギー
(スケッチブックにコンテ、2005 年)

ヴォージュ広場、パリ
（画用紙に水彩、1997 年）

ショーリア広場、フィレンツェ
(画用紙に水彩、1994 年)

ルッカの広場（古代ローマ競技場跡）への入口、イタリア
（スケッチブックにコンテ、2005 年）

初期キリスト教聖堂、イタリア
(スケッチブックにコンテ、2005 年)

妙心寺、京都
（スケッチブックにコンテ、2018 年）

妙心寺境内、京都
（スケッチブックにコンテ、2018 年）

浄土堂、浄土寺、兵庫県
（モレスキン・ノート、見開き 2 ページにパステル、2013 年）

雪の室生寺、奈良県
(モレスキン・ノートにコンテ、2017 年)

第二話

人の心の共同の喜び

建築は、本当に楽しい仕事です。そのことを、お集まりの皆さんと共に語り合いたい。楽しいことには、必ず同時に難しいこと苦しいこともつきまとうでしょうが、ここにおられる方々と、ここには古い友人も、新しい若い方も、広く他の分野の方たちのお顔もあるようですが、そうしたことごとを共に語りあいたい。「炉辺談話」とは、建築家協会の元会長、大宇根弘司氏の命名ですが、ぜひその名の示す如く、楽しく、しかし建築の現実を踏まえて具体性をもった話にしたいと思います。

建築は楽しい

建築をつくることは楽しい。私は、建築の設計を自分の仕事として選んでから、すでに五十余年を経て、つくづくそう思う。そのことは、設計にかかわる仲間は皆同じ思いに違いない。その楽しさの根本は、どこから来るのか、と改めて考えると、その根本のひとつは、極めて単純なことで、全身を使っているから、ということだと言っていいのではないか。頭だけでなく、目を使い、手も使い、口も使い、そして足も使う。基本的に、幼稚園児童の図画工作と同じことを、八十になってもやっている。あるいは、二十一世紀に生きているにもかかわらず、原始時代からの、土を掘り、柱を建てるという仕事を続けているのが、建築の仕事です。人間の根本につながる満足がそこにあると私は言いたい。

今日、多くの専門分野が、細かい部分に断片化している。検査のデータだけを診ている医者、株の値段だけを注視する企業家、受験合格率をのみ競う教育者……。こうした中で、建築の仕事のもつ、原始性・総合性は、何と喜ばしいことでしょうか。とにかくそのように、建築は、まずやっている自分自身が楽しい仕事なのです。

しかし、そのことに加えて、建築の喜びには、もうひとつ、大切なことがある。それはその喜びが、たとえ自分ひとりの心の中から出発したものであるにせよ、その出来上ったものが、人の心に与える喜びは、自分ひとりのものではなく、皆の、共通の喜びとなるところにあります。

ひとり淋しい心を慰める歌があってもいいでしょう。ひとり喜びをかみしめる絵もあるでしょう。怒りを爆発させる演劇も必要でしょう。しかし建築は、建築という芸術は、そういう表現に適した芸術ではありません。建築は、皆の共通の心をかたちにする芸術なのです。建築の仕事は、人間の共通の喜びをかたちにする芸術なのです。建築の根本は、そこにある、と言っていいのではないか。さらにその基本にあるのは、人間という生きものは、思いを、ひとりの中にとどめるのではなく、ほかの人と共にわかちあいたいという心にあるといっていいのではないか。そのことは、いろいろなことの中で、繰り返し感じたり、考えさせられたりしたことなのですが、近くには、このようなことがあった。

先年、フランスのラスコーの洞窟の壁画を精密に再現した展覧会がありましたね。ごらんになった方も多いでしょう。壁面の細かい石の凸凹まで精密に再現し、洞窟のある部分の全体を、実物大でつくって、その中に入って鑑賞できる、素晴らしいものでした。画集で見るのとは違い、曲りくねった壁に描かれた立体的な絵も素晴らしいものでしたが、四万年前のクロマニョン人たちが仕事していた空間そのものが経験できた【図❶】。それは、これまでの展覧会では、経験したことのない感激でした。

これらの絵は、ひとりの人間の作品なんてものじゃない。何人もの人が、描き足し、描き重ねていったものです。ひとつの時代のムードを再現しているなんてものじゃない。数千年にわたって描き続けられた壮大な共同作業です。何のための共同作業か。狩猟のためのおまじないだとか、記念だろうとか、いろいろな説明がなされているが、そんな説明はつまらない。つまらないといっちゃいけないだろうが、そうした諸々の説明を受け入れた上で、一番大切なことがある。それは共に働く、共に仕事をする。そのことに熱中した、その仕事を共に楽しんだ、ということです。人間とは、そういう生きものなんだ。ラスコーの洞窟の素晴らしさはまさに、そのことを示しているところにある。

フランスの人類学者にして考古学者であるルロワ・グーランという人がいます。ラスコーの発掘調査を行った研究者のひとりであり、また『身ぶりと言葉』という、私たち建築家にとっても興味深い本を書いた人です。その中で彼は、文字や言葉に重きを置きすぎているこれまでの歴史学を批判し、言葉だけでなく「もの」、あるいはそれをつくり出す「技術」に関心を向けなければならないと述べ、「人間は言葉をしゃべることで人間となっただけでない。『もの』をつくることによって人間となった」と言っている。素晴らしい指摘ですね。この指摘は建築家にとってはとりわけ、重要なことだと思います。

皆で共に仕事をし、共に楽しむためには、そのための空間があった方がいい。クロマニョン人は、小さな木造の建物に住んでいたようです。大きな空間は、まだつくれなかったから、たまたま近くに沢山あった石灰岩の洞窟をその空間として選んだ。しかしやがて、その空間を、自分たちで築くようになる。それが共同の建築、公共建築の始まりです。

アイルランドの西の涯、大西洋から吹きつける冷たい風の中に、石器時代の石の構築物が残っている。若い頃、テントを張ってヨーロッパを放浪していた時、これに出会った【図❷】。この重い石を、クレーンどころか牛や馬を使うこともできない時にどうして積み上げたのか、それも興味深い。なんのためにつくったのか、それも知りたいがよくわからないと説明書には書いてある。しかし、

[図❶]精密に再現されたラスコー洞窟の壁画

[図❷]アイルランド西海岸に残る石器時代の遺跡

説明されなくても、わかるといってもいいでしょう。お祭りのためにも、お祈りのためにも、戦いのためにでも、何にでも使ったに違いない。一番はっきりしていることは、皆で一緒に建てる、そのことに力を尽すことに、熱中して建てたということです。建てるために力を合わせた、というのではなく、力を合わせるために、建てたと言っていい。私はそうだと思うのです。共に力を合わせて生きる。それが人間という生きものです。そのために、建築する。それが人間です。建築の本質をそこに見なくてはいけない。原始のこうした巨大建築、原始の公共建築、すなわち共同の建築、これは、共同の使用目的のための建築というよりも、皆がひとつであることを確かめ、そして示すための建築といっていいでしょう。

このような共同建築は、いかなる民族いかなる文化においても見られるものです。人類にとって共通な出発点といっていい。もちろん、私たちの祖先においても見られる。青森県の三内丸山の復原建物、素晴らしいですね【図❸】。子どものころ習った日本史では、竪穴住居のような遺跡しか教えられていなかった私たちは、考古学が進んで、次々このような大建築物の遺跡が発見された時は、驚いた。そしてうれしかったですね。想像力が広がりましたね。三内丸山遺跡では、高層大建築の足元に、横長大建築があるのもうれしい。私たちの祖先の造形力の豊かさが見えるような気がする。内部空間に入ることができると、想像力の刺激される度合いが格段に高まります。「公共」のことを「おおやけ」と言いますがこの「おおやけ」は「おおや」、すなわち「大きい家」から来ていると、歴史家にして神学者である加藤信行氏の著作の中にあった。建築の出発点を示している興味深いことだと思います。

しかし、三内丸山の遺跡を訪れて、六本の巨大な柱の上に屋根がのっていないのは、何としても無様でみっともない。見ていて情けない。あれだけの巨大な栗の柱を正確に内側に傾けつつ建て上げた難工事を完了した後に、それを保護するためだけにも、上に屋根をかぶせないことはないでしょう。どういう屋根か、いろいろな考えがあったが、歴史学者たちの意見がまとまらなかったから、ということらしい。情けないことです。その点、九州の吉野ヶ里の遺跡の高層建物には、ちゃんと屋根がのっていて、安心する。こうあるべきでしょう。さすが、この復原には、現代棟梁として賛えられる田中文男大工がかかわっているからでしょう。田中大工、私たちは大学院生のころから、親しみと敬意をもってそう呼んでいた。田中大工に感謝です【図❹】。

吉野ヶ里の復原集落は、柵と濠に囲まれた中に竪穴住居が散在し、その中心にこの高楼が立っている。ここで暮らした人々の声が聞こえてくるようですね。

建築の美しさ、喜びは、このような日常の生活と共にある。共同の生活と共に、移っていく時の流れの内にある。口に出すと、まったく、あたり前のことに過ぎないかもしれない。しかしこ

[図❸]
三内丸山遺跡の
高楼

[図❹]
吉野ケ里遺跡の高楼

のあたり前のことを、しっかり心にとめることが、建築について考える時の大切なことではないかと、私は思います。

建築への憧憬《しょうけい》と懐疑

このあたり前のことに気が付くのに私は回り道をしなくてはならなかった。若い時というものは、誰しも、大なり小なり同じようなことかもしれない。そのことにちょっと、触れておきたい。私が大学に入って、建築の道に進もうと心を決めた時は一九五〇年代も終りになる頃でした。

この頃は、今と違って、建築家という職能は社会的にはっきりと認識されているものではなかった。私の身辺にも建築の仕事にたずさわっている人はなかったし、大学に行くなら、法律家か、医者になるものだろうといったところでした。そんな雰囲気の中で、なぜ建築家を選んだか。絵や工作が好きだった、とか数学も好きだったとか、月並みの理由もないではないが、はっきり言えるのは、丹下健三という建築家のあることを知ったことです。広島の平和記念館、東京都庁舎、そして香川県庁舎と矢継ぎ早に出現した丹下健三の作品は、輝いていました。こういう力を持つもの、輝きを放つものが建築か、それをつくり出す人が建築家というものか。中学・高校と学校ではまったく知的な環境に恵まれず、柔道だけに熱中して、あとはひとりで絵を描くか本を読むかだった私は、一挙に魅了された。

東大に入学して、初めの二年間を過ごす、駒場の教養学部は、その頃はまだ旧制第一高等学校の牧歌的な雰囲気の残っているのんびりしたところでした。当時は、建築への志望者の数は多くなく、点取りに力をさく必要もなく、図書館で好きな本を心ゆくまで読む毎日でした。図学は、生田勉先生に習った。図学とは、コンパスと平行定規だけを用いて、立体図形を定義し、図示する方法のことで、こんな幼稚な古くさいもの、やってられるかと馬鹿にする秀才の友人が大多数でしたが、私はとても面白いものだと思った。円と直線というこのふたつの基本図形だけで、多様なかたちの世界をつくり出し、説明することは、まことに面白い。烏口を鋭く研いで、墨を入れて細い線を引いて図を描く演習も、私には楽しいことだった。その後、図学そのものが、時代遅れの学問・技法とされ消えてしまい、そして、今日のコンピューターに取って代わられたわけですが、私は残念なことだと思っています。なぜなら、円と平行線は人が体を使ってつくり出せる最も基本的なかたちですから、それを用いてかたちをつくり出す練習は人のかたちに対する身体的感覚を豊かにするものだと信じているからです。生田先生は、当時、マンフォードの訳書などを出される一方、「柿の本のある家」など静かで美しい小住宅の作品を次々に発表されており寡黙な、いかにも文人芸術家といった感じの先生でした。私は先生の知的な姿勢に魅かれつつも、どこか頼りない物足りなさも感じたりしていました。

本郷の建築学科に進学すると、全員の製図机の並ぶ広い製図室があった。いよいよ専門の道が始まるぞ、と胸が高鳴る空間でしたね。その製図室の奥の廊下に広島平和記念館の大きな木の模型が置いてあった。美しい。迫力に満ちていた。興奮しましたね。製図室が学生のたまり場、居室であったことは、今も昔も変わりないことでしょうが、違っていたことは、そのころの日本の大学の授業では、エスキスを見てもらうことも、作品の講評会もなかったことです。設計は、見よう見まね、自学自習、仲間同志の批評がほとんどすべてといったものでした。参考書は建築雑誌。そのころはいろいろあった。あるいは数カ月遅れで届く海外の雑誌、それらにのる新しい作品を一生懸命に見て学んだものです。イギリスの雑誌に「ブルータリズム(brutalism)」という新しい動きがあるのを誰かが見つけて、「おい、おれたちも『ブルータル』にいこうぜ」といったように。

講義は、もちろんいろいろありましたが、それぞれ独立したもので、互いの関連はなく、設計製図との結びつきもなく、「カリキュラム」という言葉は使われていたものの、この語の原義が示すような「全体の流れ、系統」ではなかった。そもそもそういう概念がなかった。岸田日出刀教授の「建築意匠」は、漫談だったし、藤島亥治郎先生の「歴史」は、意匠とも設計とも関連のない教養講座みたいに扱われていて、私には面白かったが、出席する者はほとんどなく、ある時は私ともうひとりだけだったこともある。

その時の学生の意識は、「変革」、「革新」でした。全ての価値・目標はそこにある。あるような気になっていた。歴史に目が向くわけではなかったのです。すべては、変えられねばならない。新しくならねばならない。なぜか。なぜもへったくれもない。変わらねばならない。皆そう思っていた。変わらねばならないのは社会全体であり、その方法はマルキシズムの革命理論である。芸術全体も建築全体も変わらねばならず、その方法はアバンギャルド、モダニズムである。熱情というか、狂気というか。そういう熱狂の中で、身の回りでは古くからの町並み、集落が急速に消えていった。そういう時でした。

熱狂は、若者の特質です。私も人並みに、前衛芸術に熱狂し、学生運動の過激なデモに熱狂した。しかし、芯・中心のない熱狂は続かない。間もなく私の中に、私自身の芯・中心のないことに、自分自身で気がついた。

このころのことを話しだすときりがない。ワインを飲む時間がなくなるから、良い加減にしましょう。とにかく、このように進むべき方向の見えなくなった私に、救いとなったのは、吉武泰水先生にまかせられた、相模女子大学の教室棟の設計でした【図❺】。それまで、ちょっと、船越徹氏、広部達也氏の設計を手伝ったくらいの経験しかなかったのに、無謀にもよくまあ、やったものだと、思い出してもあきれますが、とにかく、慎貞吉君、宮内康君らと一緒に、寝食を忘れて取り組んだ。今も残っていて大切に使われていますが、改めてみると、粗い。空間も貧しい。丹下・前川・菊竹と、当時、仰ぎ見た建築家の作品の影響もむき出しですが、全心全力で取り組んだ姿勢だけは出ているか……。しかし、自分なりに貧しい力を尽くしただけに、自分のその時の限界も身にしてみてわかった。これだけでは先に進めないこともよくわかった。そしてその時に、私の前に現われたのがルイス・カーンという、それまで聞いたこともなかった建築家の設計した、「リチャーズ・メディカル・ラボラトリー」の写真と、「ロチェスター教会」のドローイングです。それは私にとって衝撃でした【図❻❼】。そしてペンシルバニア大学に手紙を出し、相模女子大校舎の写真を送り、そしてうれしいことに奨学金を受けて、渡米することになった。この次第は、これまでも述べたことがありますので、省きます。

新しいと思ったアメリカは、古かった

ということで、東大の大学院を中退してアメリカに渡った。一九六四年の夏の終りの時です。

[図❺]東京大学
大学院生の時に
設計した
相模女子大学教室棟

[図❻]ルイス・カーンの「リチャーズ・メディカル・ラボラトリー」

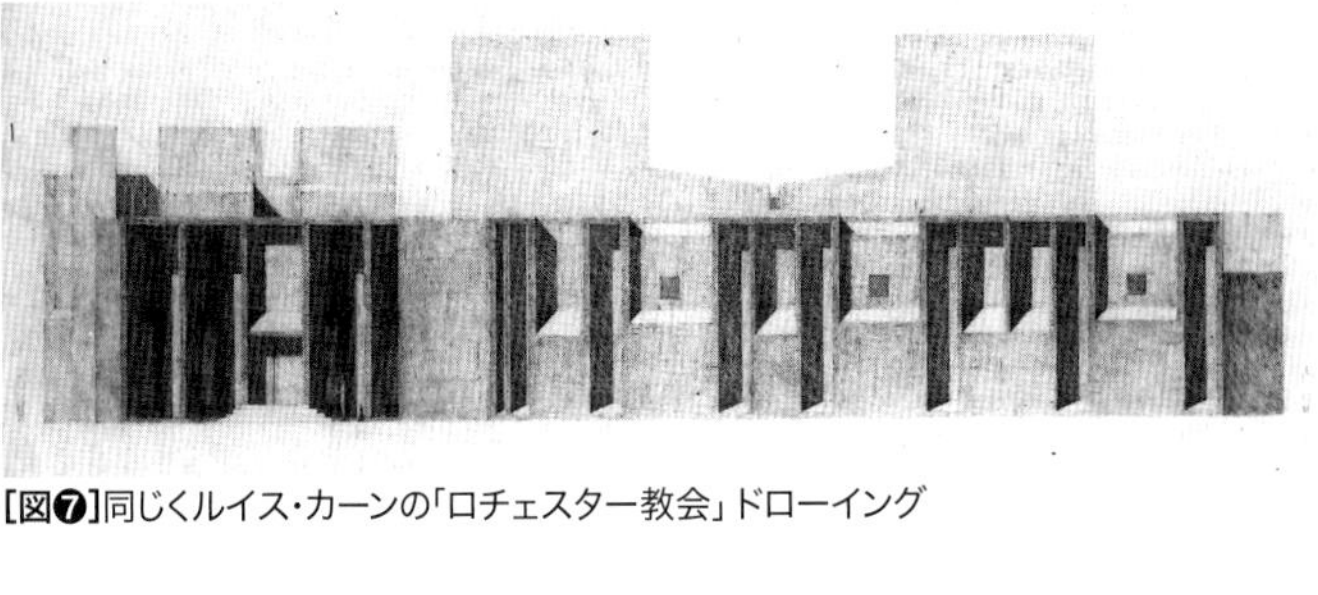

[図❼]同じくルイス・カーンの「ロチェスター教会」ドローイング

なんで急に、後先の考えもなしに、日本を出る決心をしたか。今思い返すとよくわからないのですが、とにかく日本を脱出したい、今すぐにでも、という気持ちが第一だったと思います。しかし、アメリカや異国への憧れ、といったそう単純なものではなかった。当時は反米学生運動の最高潮の時だったし、自分自身のことでいえば、戦時中周りの友人たちに負けずいっぱしの軍国少年だった私の心の中には、日本は古い伝統の国である、新興の成り上がりのアメリカになぞ負けるものか、見返してやるぞ、という気持ちも潜んでいた。そうかと思えば、他方では消滅したわが故郷、満州に通じるものを新大陸に求めていたところもあった。まあ一言でいえば、屈折したものだったが、俗謡にあるように「嫌いよ、ってことは、好きだってことよ」といったところですかね。

で、アラスカを経て、ロサンゼルスに至り、そこから大陸横断長距離バス、「グレイハウンド」に乗って東海岸のフィラデルフィアに向かった。当時の学生は、皆このバスに乗ったものです。「九十九日間、九十九ドル」という格安の切符を用いたのです。金はないが時間だけはある、ということで、あちこち途中下車しながら一月かけて、大陸を横切って行った。

初めて足で踏んだアメリカのまちは、私にとっては、珍しく驚いたというよりは、なつかしいものだった。直交する道、その真直ぐな道の果てに見える地平線と、そこから吹き抜けていく風……。私の育った満州の首都、新京のまちに帰ったかのような、なつかしい思いがした。

私が驚いたのは、グレイハウンドの夜行バスが、ロサンゼルスを離れて「ルート66」を東に向かい夜が明けた時です。バスは給油のためにアメリカ南西部の町に停まった。寝ぼけまなこで窓外を見ると、土壁の続く集落の中心の広場らしく、東洋人らしい人々がわっと集まってきた。一瞬僕は、満州に帰った夢をみているのかと思った。幼いとき、父の植物採集についていって、郊外の満州人の集落にいった時の光景と同じだったからです。アメリカ・インディアン（先住民）の「リザベーション」すなわち「居住区」であることは、運転手にたずねてすぐわかった。彼らのような、昔からの生活、昔からの建築を守り続けている人々がアメリカにいることを、そのときの私は不勉強で知らなかったので、驚嘆しました。その住居群の美しさに、一見しただけで魅了されました【図❽❾】。その後、調べれば調べるほど、訪れれば訪れるたびに、プエブロの文化には引きつけられてきました。しかし、何といっても、この最初の出会いの驚きは、アメリカは新しい国だ、歴史のない国だ、と思い続けていた私の理解がひっくり返されたことです。アメリカは、古い歴史のある国だった。それも、歴史の本の上においてではなく、人々の現実として生きている。

アメリカは生きている歴史として古い。そのことは、一カ月半にわたった旅の末、ようやく留学先のフィラデルフィアに着き、早速下宿先を探している時に再び、さらに決定的に思い知らされた。フィラデルフィアは、アメリカ独立宣言の古都ですが、今日では周辺に大工業地帯を擁するア

[図❽]プエブロ・インディアンの集落

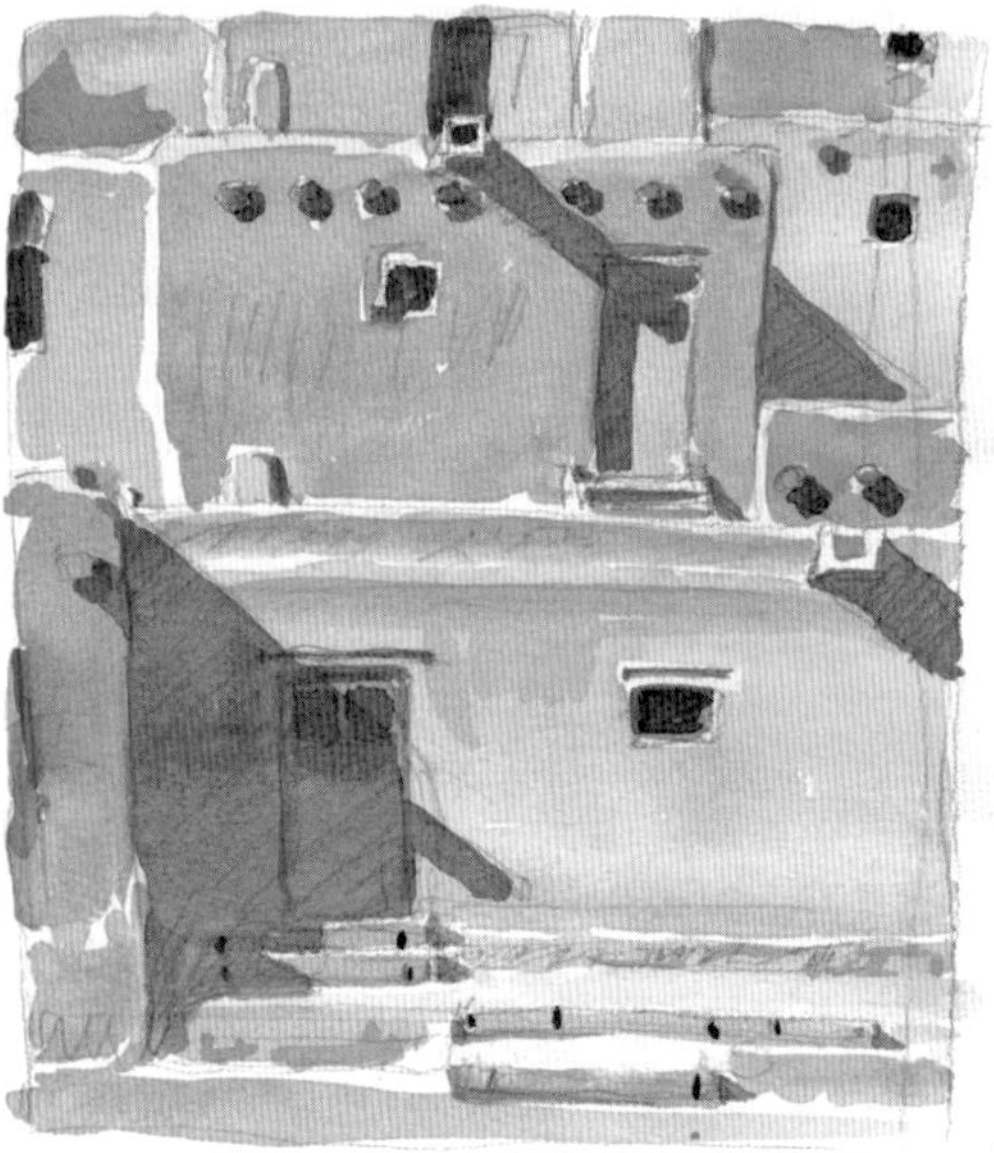

[図❾]
その住居群の
スケッチ(水彩)

メリカ第四の大都市でもある。ペンシルバニア大学もアイビーリーグに属するアメリカ最古の大学のひとつで、フィラデルフィアの旧市街区の西側にあります。学生は、キャンパスに接して建っている、「ロウ・ハウス」と呼ばれる連続住宅に住む場合が多く、私もさっそく住居探しを始めたわけですが、落ち着いた煉瓦造りの連続住宅が、美しい街並みをつくりつつ連なっている【図⑩⑪】。十九世紀末に建てられたものは普通で、古いものは、建てられてから二百年経っている。特に、重要文化財だとか、歴史的建造物とか、ややこしい指定を受けることなく、普通に人々が暮らしている。その後、ニューイングランドに住んだ時、二百年経った開拓時代の建物が周囲にいくつも残っていて、そこにあたり前のように人が住んでいる【図⑫】。これこそ、本当の歴史というものであり、文化というものではないか。かつての軍国日本少年は、ここで完全に負けを認めたのであります。いや、勝ち負けなんて、つまらないことではない。アメリカに来てよかったと真底思ったのです。

ペンシルバニア大学で学んだこと

ペンシルバニア大学に、この時に留学できたことは、幸運なことでした。思い返せば思い返すほど、そう思う。「ペンシルバニア大なんて何？　アメリカに行くのならハーバードかイエールじゃない

[図⑪]大学近く、
フィラデルフィア中心地区の連続住宅

[図⑩]フィラデルフィア旧市街地の
連続住宅

[図⑫]コネチカット州に残る
初期のアメリカ住宅

の？」それがそのときの、ほとんどの友人たちの反応でした。

カーンのスタジオも、事務所での経験も、もちろん面白かった。期待以上でした。しかし、それ以外にペン大と、その環境全体が私に与えてくれたものは、大きかった。ペン大に着いて最初にしたことは、「リチャーズ」を見にすっとんで行ったことですが、この建物がカレッジ・ゴシックの建物の立ち並ぶキャンパスの中に、昔からあったかのように異和感なく建っていたのに驚いた。「え？近代建築とは、歴史と断絶して自己を主張するものではなかったのか？」。日本を出るときはまったく想像もしていなかったことでした。

ペンシルバニア大学の美術学部——建築学科はその学科のひとつでした——は、フランスの美術学校（エコール・デ・ボザール）に習って設立された、アメリカにおける最も古い建築学校のひとつです。カーンの大学院スタジオはファーネス・ビルディングの屋階（屋根裏）にあり、一階は大きな吹抜けのある図書館になっていて、そこには、フランス・イギリスから運ばれてきた大版の作品集、図面集が、びっしり積み上げられていました【図⓭⓮】。

カーンの授業は、終始、対話・問答でした。丸い大きなテーブルを囲んで皆が座る。誰かのエスキースが机の上にある時もありましたが、あってもなくてもカーンは話す。そして学生が問い、カーンが答える。それが終りなく続いていく【図⓯】。

[図⓮]美術学部の
ファーネス図書館

[図⓭]美術学部、
ファーネス・ビルディング。
屋階(屋根裏)に
大学院スタジオ。
1階はファーネス図書館

[図⓯]カーンスタジオの
講評会

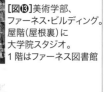

カーンが、自分の語りたいことの実例としてしばしば歴史的作品に言及し、私たちは階下の図書室にいって、あれこれの本を取ってくるように求められた。二人で抱えなくてはならないような大型の厚い図集であることが多かったのですが、カーンはそれがどこにあるか頭に入っていて、「右から二番目のニッチの棚の下の段にある」といったように具体的に場所まで指示した。昔から、彼自身そうした書物を繰り返し見ていたからでしょう。そのように歴史的な作品、たとえばボザールの学生の図面を見せながら、古典主義がいかに光の陰影をスタディしたかを語り【図⑯】、あるいはスコットランドの中世の城の図面を前にして、壁がいかに空間を生み出すかを説明したのです【図⑰】。

歴史の勉強は、今日の建築設計とはかかわりのないもの、むしろ現代建築においては否定するべきものと、日本において思っていた私は、目の覚めるような思いがしたのです。そしてそういう見方が開いてくれる世界の面白さに踊り上がった。そしてそれ以降フィラデルフィアにいるあいだはずっと夜更けまで、ファーネス図書館で、古い図面集、作品集を開いて過すことが日課になりました。

ペンシルバニア大学でのもうひとつの幸運は、ロバート・ヴェンチューリに出会えたことです。当時彼はまだ無名の助教授で、「建築理論」の講義を担当していました。私は、もちろん、ロバート・ヴェンチューリが何者であるかも知らず、ただその「Theory of Architecture」という題名に興味をひかれて受講したのですが、最初の講義を聞くやその素晴らしさに驚嘆した。その言葉の明晰さ、

[図⑯]
「アナリティーク
(様式分析演習)」に
おける学生の
図面

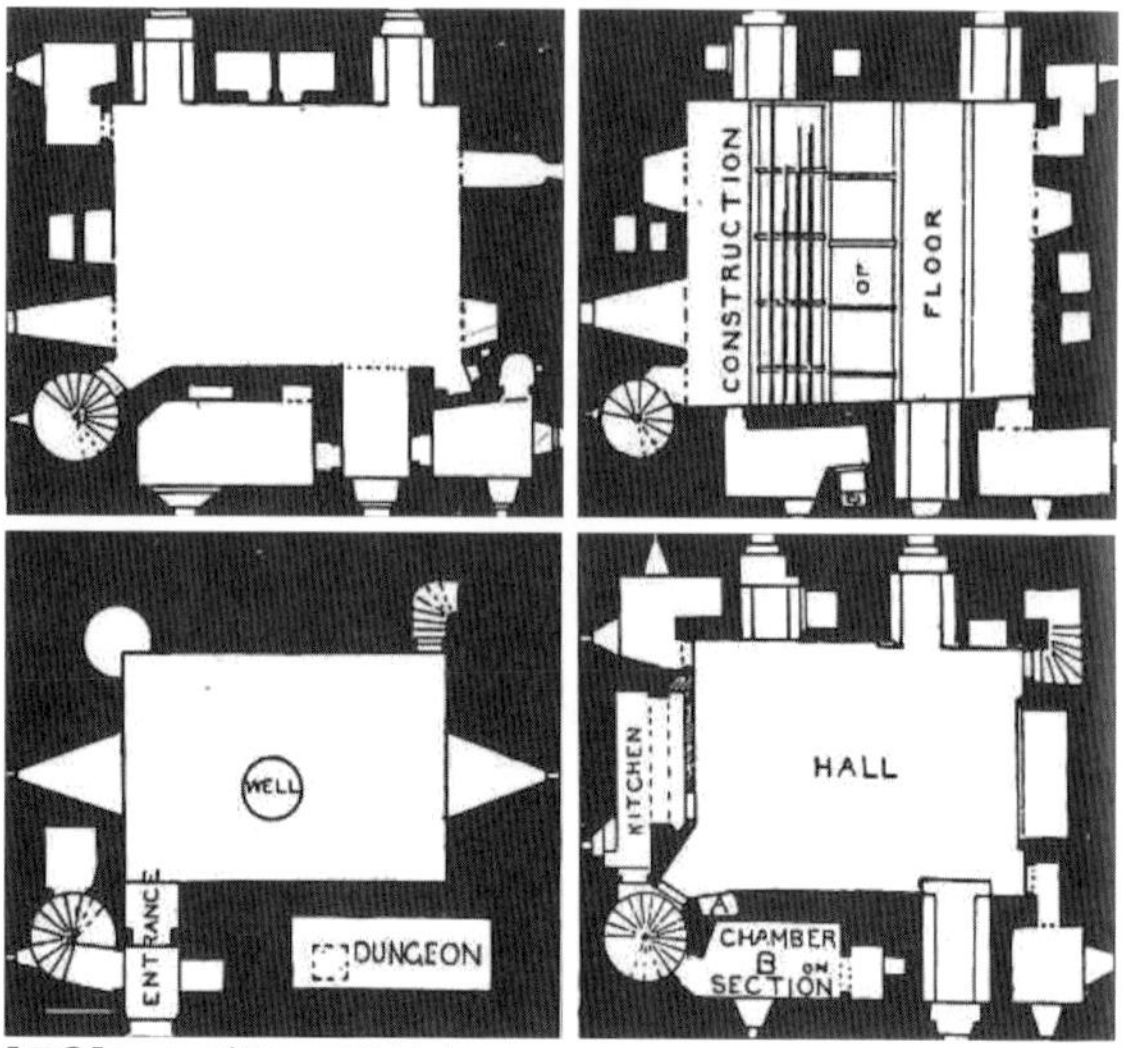

[図⑰]カーンが好んで言及した
中世スコットランドの城の平面図

そして次々に参照される例証の豊富さ。それまで建築論・建築批評とは観念的で、非論理なものだと思い込んでいた私には、このような講義に出会って、それこそ、目のくらむような思いがしたのです。私は、これほど夢中でノートをとったことは、後にも先にもない。それだけでなく、大学院を修了し、就職した後も、彼の授業には後からもぐりこんで、三回聴講したのです。私にとっては、彼の講義はそのように素晴らしいものだったのですが、「あんな講義はつまらない。現代建築のもっとエキサイティングな話が聞きたい」と言っていた学生もいて驚いた。どこにでも、そういう学生・建築家はいる、ということでしょうか。このときのヴェンチューリの講義が、それから三年後『建築の複合と対立(Complexity and Contradiction in Architecture)』という題名で出版され、二十世紀後半の不朽の名著となったことは、皆さんご存じの通りです。

そういう大学院生活の後、建築事務所を渡り歩いて、ヨーロッパ遍歴の旅に出た。カーンやヴェンチューリから聞かされた建物を自分の目で確かめずにはいられなかったからです。なんとかお金を貯めて、安い貨物船に乗って、冬の大西洋を渡り、しばらくロンドンで働いた後、フィアット500にキャンプ道具を積んで旅に出た。好きな所にテントを張り、好きなだけ建物を見、スケッチをして回った。そうして見た建物のひとつが、フランスのプロヴァンスにあるシトー会修道院ル・トロネです【図⑱⑲】。今日は保存修復され、観光名所のひとつになっていますが、その時は、やぶにうずもれた廃墟でした。この建物も、カーンの話で知ったものです。この旅でお金が尽きたら、またアメリカに帰って腰を落ち着けるつもりが、ひょんなことで、日本に帰ることになりました。
ということで、この辺で今日の私の話は一段落ということにして、ワインも後ろのテーブルに並んでいるようですから、それを飲みながら、皆様のご質問、ご意見をうかがいながら歓談に移ることにしましょう。

炉辺問答

──香山先生は、建築は楽しい、楽しいと言われるが、楽しいことだけではないでしょう。苦しいばかりか、問題だらけとも言える。そのことを無視しちゃいけないんじゃないですか。

それは、おっしゃる通り。まったくその通りですよ。建築は苦しい仕事。建築界は問題だらけだと、仕事しながらいつも感じています。

しかしまず、苦しさのこのことについてから申すなら、専門とする仕事の面白さは、そして楽しさも、すべては苦しさを通して生まれてくる。そのことはどんな仕事にでも共通することでしょう。昔、野球の王選手が言った言葉を憶えています。「私の仕事は野球だから、毎日どんなにくたびれていても、

[図⑱]厚い壁をえぐった窓、そこに差し込む光

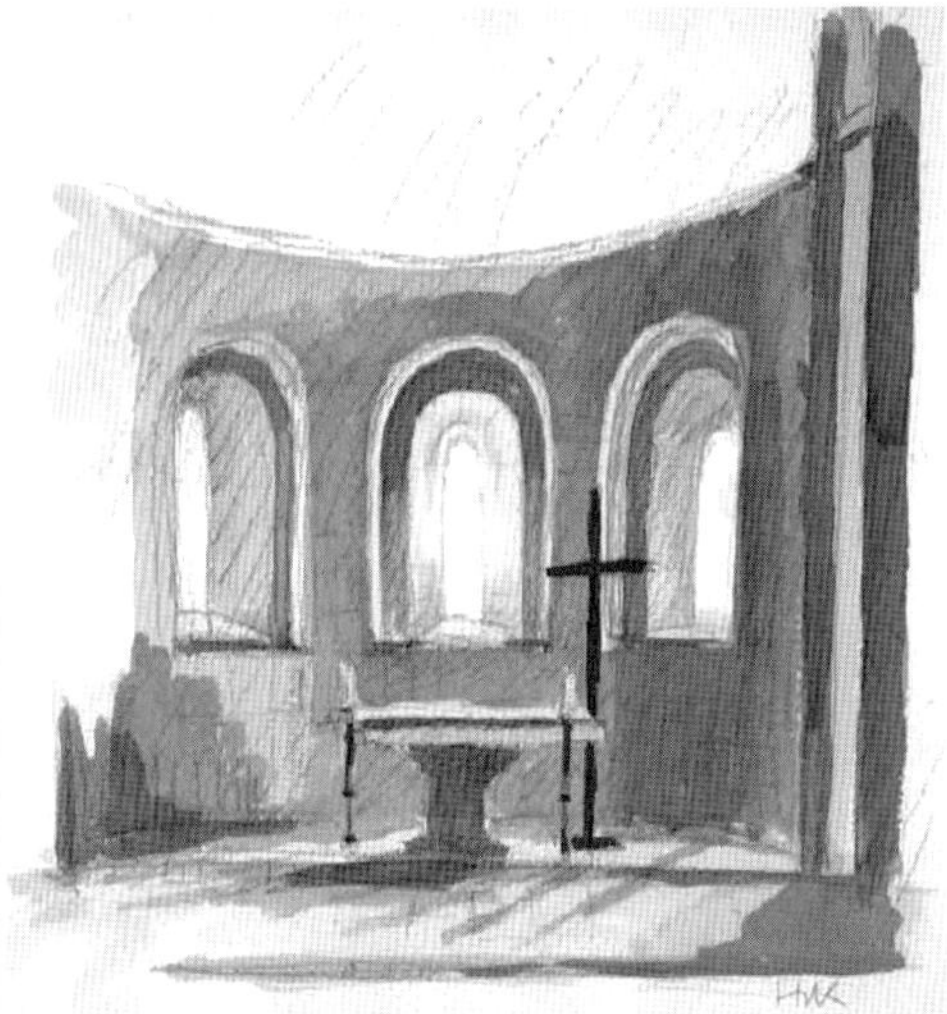

[図⑲]聖堂祭壇の窓(水彩スケッチ)

その日のバッティングを反省し、納得いくまで素振りしてから寝る。ところがゴルフとなれば、遊びだから、良くても悪くても、酒飲んで寝るだけだ。」プロと言える人は、誰であれこうでしょう。

では何が今日の建築界の問題かについては、限りなくありましょうが、身近なところから挙げるなら、設計者選定にかかわる問題だと私は言いたい。設計者の側から見るとプロポーザル、コンペの問題。提示された設計条件にまったく応えていない案が平然と選定される。ヒアリングであれこれ設計者を問い詰めておいて、審査結果が公開されると、それにまったく答えていない案が特定されている。審査員はいったい何をしているのか。地方自治体のプロポーザルの場合だけでなく、国の国際コンペでも条件をまったく無視した案が「インパクトがある」の一語で選定され、その結果国を挙げての大混乱を招いたことはつい先のことです。この審査員にも名だたる建築家、学者が名を連ねていた。こんなことでは、建築家、建築界が世の中から信用されない。

実際に、私が公共建築の設計に取りかかって、まず市民との対話、あるいは意見交換の集会に出席する時、最初に必ず言われるのは、「私たちのまちにふさわしい建物をつくってください」「建築家の自分勝手なかたちをつくるのは止めてください」……。といったことです。具体的な名前を挙げて、「隣のまちにできた、あの有名建築、ああいうのは私たち、ほしくないんです」と言われたこともある。これは言いかえれば、テレビ、新聞がもてはやすような建築は、実際には使いものにならないもので、どこか他所にあってくれるのはいいが、私たちのところにはいりません、ということです。建築の評価、価値判断が今日どうなっているのか、根本の問題はそこにある。私が「建築は人の心の共同の喜び」と題した主意はそこにあるわけですが、この問題は、これからの話の中で、ゆっくり繰り返し、皆で論じていきたいと思っています。

――さきほどの話の中で、「六〇年代は、革命、改革一辺倒の時代だった」と批判されました。しかし、人間は新しさを求めるものではないのですか。古くさいものは、捨てたいのが人間じゃないんですか。

すべては動いて変化している。それは私たちの偽りのない実感であることは確かです。「万物は流転する」とギリシャの哲学者は言いましたし、私たちの先人も「諸行無常」と言いました。

実際に、私たちの日常でも、単調な繰り返しには飽き飽きしますし、月並みの模倣はうんざりです。しかし一方、急激な変化は、生活を混乱させ、時には生存を困難にします。植物は、四季の変化の中で育っていきますが、環境が激変すれば生き続けることはできない。生命に変化は不可欠ですが、その変化は連続の中で、連続性を保ちつつ行われねばならない。文化も同じだと私は思います。

――日本におけるモダニズム建築は、変革を求めるあ

まり、伝統を無視したように言われましたが、必ずしもそうではないのではないですか。丹下の桂離宮の再評価、川添登の『伝統論』など、六〇年代に、伝統論争は盛んだったと思いますが。

ご指摘ありがとう。その通りです。私も学生の時、丹下とグロピウスの共著、石元泰博の写真で出版された『桂離宮』を大枚はたいて買い求めたものです。しかしこの時の桂離宮評価のポイントが何辺《なへん》にあったかと考え直してみると、それは、それがモダニズムのデザイン、たとえばミースの構成、あるいはモンドリアンのコンポジションに通じる、だから良い、という評価です。同じ理論で京都御所も評価され、清家清の住宅もカリフォルニアの住宅に通じるから優れているとされた。いずれもモダニズムの物差しがまずあって、それに合っているか否かで判定される。それは本当の、豊かな、すなわち私たちの視野を広げる伝統再発見とは言えない、と私は思うのです。

連続の中でのどのような変化が望ましいものなのか。そもそも、伝統・継承とは、確かに、一点に留まっていては、活力を失い、やがて無意味となるもので、絶えざる見直し、とらえ直しの中で、新たに生き返っていくものこそ、本当の伝統というものではないか。このことこそ大切なことで、続く話の中で、具体的に考えてみたいと思っていることです。

では今日はこの辺りまでで終りにしましょう。

第二話

大空の下、大地の上に立つ

――屋根と床の話

皆様、こんばんは。本日も大勢お集まりいただきうれしく思います。今回も、先回に引き続いて、建築という仕事の楽しさ、その芸術としての特質についてお話ししたいと思います。季節も、はや七月になり、緑も一段と色濃くなりましたので、今日の話も、自然の中、建築を生む母なる大地、父なる大空に立ち帰るところから始めましょう。

大空は屋根、大地は床

建築を設計する際の、最も大きい喜びのひとつは、これから設計しようとする建物の敷地に、はじめて立つ時です。敷地が目の前に現われ、私はその中に踏みこんで、その上に立つ。その広がり、周りの景色、上に広がる大空。そして差す陽の輝き、吹く風の香り。この土地は、どのような建物を上にのせることを望んでいるのだろうか。建物は、どのようなかたちで、この土地に応えようとしているのだろうか。いろいろな想いが、そしてさまざまなかたちが、頭の中で交錯する。うれしい時ですね。興奮する時ですね。頭の中を駆けまわるすべてが可能であるような。あるいはすべて不可能であるような。

建築によって、人はそれぞれ、この広い大地の上、大空の下に、自分の場所を定め、自分の根を下すのです。自分を定義させるのです。そのような働きをするのが、建築なのです。ここに、人間が建築を建てる根本の深い意味があると言えます。

建築とは、人間に便利・安全を与えるためのものである。原始の人は、雨風や敵の攻撃から身を守るために、住居を建てた。そういった説明がしばしばなされます。建築についての子ども向きの本、一般の人のための教養書で、よく用いられている説明です。もちろん間違いとは言えませんが、それだけでは、原始古代の人たちが建てた建築の、不思議な力を説明できない。今日とは違って、使える物、使える力も乏しかった時に、なぜ、いかにしてあのように力を尽して建築を建てたか説明できない。

人間は、天と自分を結びつけ、地と自分を結びつけるために、建築をつくってきたのです。母親の胎内を出た時、赤ん坊は泣く。なぜ泣くのか。無限に広がる空間におびえて泣くのです。原始の人たちも同じだった。無限に広がる大空。果てしなく広がる大地。そこに自分の居場所を定めるために、彼らは建築を建てたのです。今日、私たち現代人から、その記憶、感覚が薄れてしまった。しかしなくなったわけではない。ただ深く埋もれているだけだと私は思います。

従って、すべての建築は、上に向かって天につながり、下に向かって大地と結びつく垂直の軸を持つ。上を限るものが屋根であり、下を限るものが床であります。そして床の中心となる特有なもの、たとえば「いろり」とか「暖炉」とか、あるいは「御柱」だったりしますが、天と地を結ぶ中心軸が存在しているその構造を簡単に図示するとこのようになるでしょうか【下図】。それについてはいろいろな説明がなされてきました。たとえばフランスのバシュラールという学者は、『空間の詩学』という建築空間についての興味深い考察の中で、「すべての建築は、屋根（裏部屋）と地下（室）を持つ」と言い、建築理論家のクリスチャン＝ノルベルグ・シュルツは、「建築には、常に中心とそこに立つ垂直の軸」があると述べました。さらには、神学者にして美学者であるミルチャ・エリアーデは、「住居は世界の模型（イマジオ・ムンディ）である」と説明しています。建築を考える際の、大切な指摘ではないでしょうか。

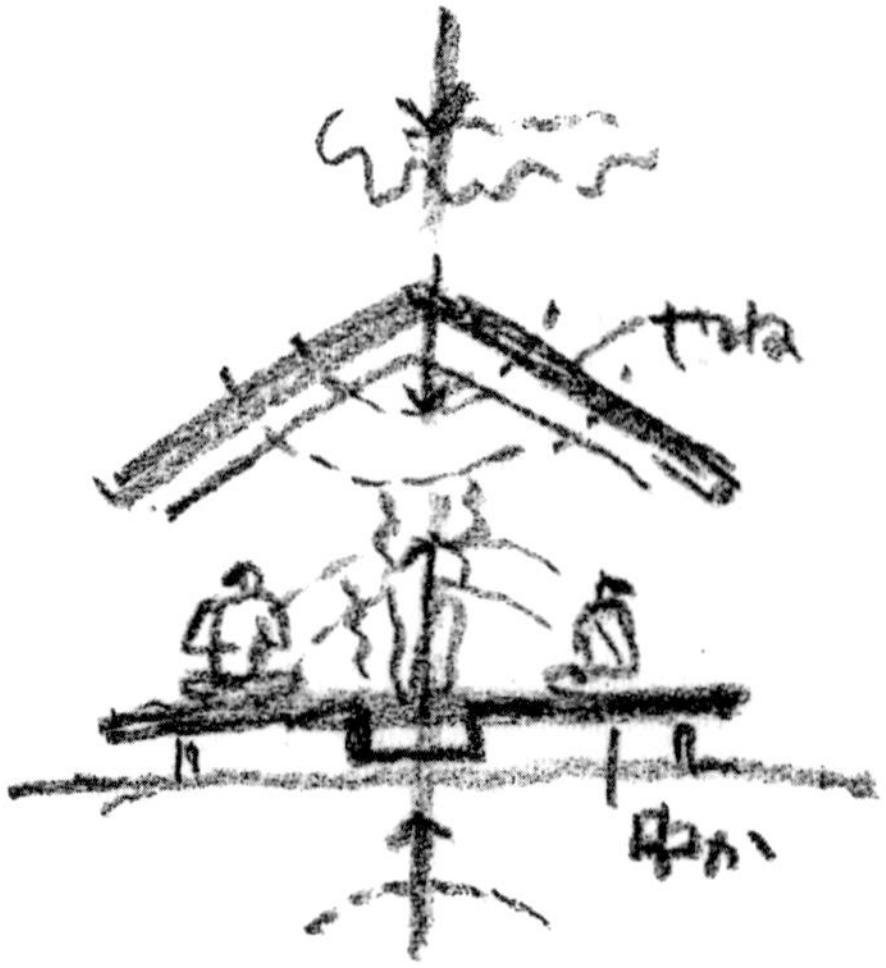

しかしそんな学者の言を引かずとも、昔の家には必ず、天井裏と床下があった。子どものとき、上の歯が抜ければ、床下へ、下の歯ならば天井裏へ投げこんだものです。今の子にはそれができない。かわいそうですね。

屋根は私を包む

日常的な私たちの用語においても、屋根はひんぱんに登場する言葉のひとつです。なじみが深く、かつその意味の広がりが大きいからでしょう。私たちが学生だったころ、皆が親しんだフランスのシャンソンに「パリの屋根の下、セーヌは流れる」という歌がありました。空が、ひとつの都市を包む屋根になっている、美しいイメージですね。外国に旅するなんて考えられなかった時代の、僕たち若者のパリへの憧れをかきたてるイメージでしたね。「いらかを連ねる都の様」と平家物語の記述にあるように、繁栄している都市のさまが連なる大きな屋根で示されるのも、同じく屋根のかたちが、その下で暮らす楽しそうな人々の姿を表わすからでしょう。

「ひとつ屋根の下に住む」とは、家族のような強いつながりを意味して、よく使われる言葉ですが、屋根は、そのように、私たちをひとつにする力を持っているものです。建築の屋根をつくり出すのが困難な時、たとえば小さな子どもは、それに代わるものを身の周りにあるものの中から取り出します。机や椅子の下にもぐりこんで、「これが私のおうち」と言うときがそれです。あるいは、枝をひろげる木の下にゴザを敷いて友だちと一緒に円く座るときもそうです。手に入る木の枝を組み合わせて、素朴な屋根を組み立てるときもそうです。実際に、木を用いた原始的な住居は、いかなる民族のものでも、これと似たようなかたちのものになっています。フランスの歴史家ヴィオレ・ル・デュクはそれを「人類に共通な住居の原型」と題して図示しています【図❶】。

木材が入手できない地域に住む人は、石を積んだ。小さい石を積み上げて空間を囲う。その時、そのかたちはおのずから球形になった。構造的なアーチをつくる技術をもたなかった古代ケルトの住民は、本当のアーチではなく迫り持ちの偽似アーチになっているのですが、そこには原初的な、しかし単純で力強い空間が生み出されています【図❷】。

中世初期のアイルランドの修道士たちは、絶海の孤島に渡ってこの素朴な石積みの住居を築いて住みました。彼らは、この簡素な空間に、まさにエリアーデの言う「イマジオ・ムンディ」を見出したのでしょう。私がこれまで訪れた中で最も心に残る建築群のひとつです【図❸】。

屋根の下側は、空間の内から見上げる時、天井となる。従ってそれは、おのずから天空を表現するものとなる。昔の家は、天井に杉板が張られているのが常でした。風邪などひいて寝かせられているとき、熱のあるうつろな眼で見上げる天井板の木目は、無限に変化する宇宙の景色のように見えたものです。古い世代の方たちは、皆私と同じような記憶をお持ちでしょう。

風邪の熱でもそうなら、信仰の情熱においては、もっとそうであった。禅宗の法堂の天井には、「雲龍図」が描かれます。渦巻く雲の中を昇っていく龍の図です。京都・建仁寺の法堂、相国寺

[図❶]「初源の住居」
ヴィオレ・ル・デュク

[図❷]アイルランドに残る
古代ケルトの住居

[図❸]スケリッグ・マイケル島に残る修道院の個室住居

の法堂などなど、すべて力強く引きつけられますね。見上げていると引き込まれ、吸い上げられていくような気がする。

キリスト教の教会堂のドームの天井に描かれている絵も、天上の世界を美しく力強く表現していて、見飽きない。フィレンツェの「サンタ・マリア・デル・フィオーレ、花のマリア大聖堂」――なんて美しい名前でしょう――のドーム。この大ドーム、フィレンツェのルネサンスの幕開けを告げる円屋根は、フィレンツェの町の屋根と賛えられますが、その天井に画かれた天使・聖人たちが天上に集う姿も、素晴らしいものです【図❹❺】。

バロックの教会堂になると、その外形も、内部も、より誇張されて、壮大な動きを伴ったものとなる。いずれも、迫力ある造形で、お見せしたいものは数多くきりがありませんが、今日はイタリア・バロックの巨匠、ベルニーニ設計のサンタ・ニエーゼ――ローマのナヴナ広場に面している――に代表してもらいましょう。ドームの天に向って上昇する力、そして内に入れば、円天井に沿って渦を巻きつつ天に昇る天使、聖人の群像。感心し、圧倒されて、息をのみ、ただ立ちつくすのみです【図❻❼】。

このような壮大・華麗と対比的に、控え目で静かな屋根・天井で、私の心に残るものがあります。それも見ていただきたい。初期キリスト教時代、栄光のローマ帝国は衰亡し、蛮族が荒らし回っていた頃のイタリアに建てられた小さな建物、ガルラ・プラキディアです。お墓でもあり、洗

[図❹]フィレンツエのドゥオモ、
設計　F. ブルネレスキ

[図❺]フィレンツエのドゥオモの祭壇天井

礼やお祈りにも使われたものでもあるようです。小さな煉瓦造の建物です。一見、倉庫かと思わせるような素朴な建物です。中は暗い。明るいイタリアの外光になれた目には、はじめ何も見えないほどですが、やがて見えてくるんです。自分の頭上に、燦然と輝く星空が広がっていることが。そして中央に黄金の十字架の浮かんでいることが。モザイクによる壁画です。モザイクをつくっている大理石の小片が、上方にはめこまれた大理石板の窓から射し込む淡い光を受けて輝いているのです【図❽❾】。

キリスト教の教会堂の本質は、このように光で会衆をひとつに包むことにあると言えます。従って天井をいかにつくるか、人を光で包むようにいかにつくるか。このことは、初期キリスト教の時代に始まってロマネスク、ゴシック、ルネサンスを経て今日に至る、教会堂建築の中心テーマでした。ここでその全史を見ている時間はありませんので、私の手がけた教会堂もその歴史に連なる例として、そして聖学院大学礼拝堂【図❿⓫】を見ていただきましょう。

日本に目を転ずれば、お寺の屋根は、いずれも堂々としていて美しい。谷崎潤一郎の、名著『陰翳礼讃』は、西洋と比較して日本の寺院建築において、屋根のかたちが卓越していることを、まず述べ、その圧倒的な屋根の下につくられる巨大な闇の美学を構築したものですが、谷崎に言われずとも、お寺の屋根の大きさは、子どもの目にも明らかです。大小さまざま、形さまざま、

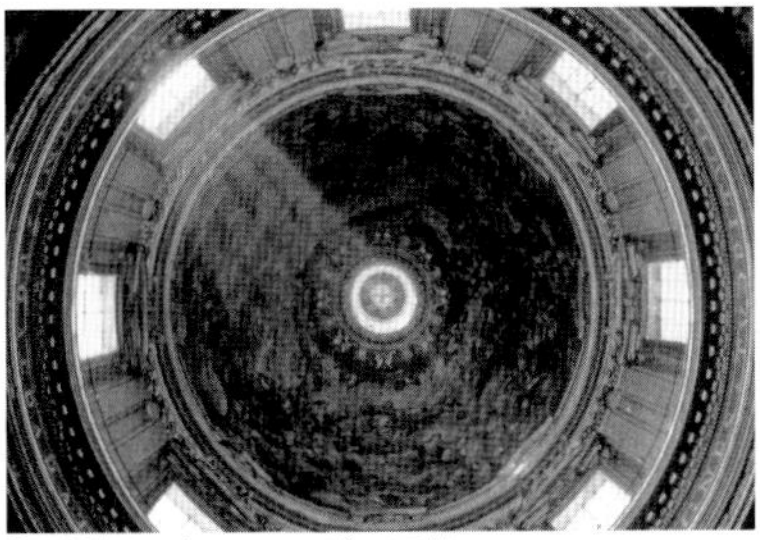

[図❼]サンタ・ニエーゼの天井

[図❻]ローマのサンタ・ニエーゼ聖堂、設計 ベルニーニ

[図❽]ラヴェンナのガルラ・プラキディアの廟

[図❾]ガルラ・プラキディア天井モザイク画

いずれの屋根もそれぞれ違いがあり、それぞれの特質があり面白いものですが、今日は、奈良西の京の唐招提寺の屋根を見るだけにしましょう。ひとつだけ取り上げるとなると、私の目はどうしても、このような原型的な力強いかたちに惹かれるのです【図⓬】。

寺院や教会堂といった宗教建築や記念的建築に限らず、住居の屋根にも良いものが数多くあります。素材で申すならかや葺きの屋根。草葺きの屋根の建物は、素晴らしい。人を包む、家族をひとつに包むという見事なかたちです。草葺き屋根は日本だけのものではない。世界各地にある最も古い屋根を葺く材料です。イギリス・アイルランドなどでは、古建築に残っているだけでなく、今日も新しく使われている屋根素材です【図⓭】。日本で、もはや過去の素材となっているのは情けないことです。

板葺きの屋根も、古くから広く用いられた素材です。私が子どものころには、日本各地の民家に広く残って、美しい町並みをつくり出していたなつかしい素材です。輪切りにした杉や栗を、薄く割って「コバ」をつくる職人の仕事を覗くのも楽しかった。そういう風景も職人の姿も、一九六〇年代に消えてしまいました。コバ葺き、英語でいう「シングル葺き」は、私が昔住んだアメリカの北東部では、植民地時代の住居に広く用いられた素材で、今日でも一般住宅に広く用いられている美しく、かつ実用的な素材です。これもまた、日本ではほとんど消えてしまった。かろうじて今

[図⑩]
聖学院大学礼拝堂、正面、
ドローイング（パステル）

[図⑪]聖学院大学礼拝堂、
大きな光の幕屋のような天井

[図⑬]アイルランドの民家の
草葺き屋根

[図⑫]唐招提寺の大屋根

に残ってその美しさを示している住居のひとつが、新潟県関川の渡邉家住宅です【図⑭】。たまたま、歴史家の稲垣栄三先生の関川の町並み調査のお手伝いをしたことが縁で、このまちの歴史資料館を設計することになった際、この「コバ葺き石置き屋根」を現代建築に用いることができました。もちろん、法規、職人、資材調達、そして性能確保などの障害は、数多くあったのですが、あきらめずに力を尽くしなんとかそれを実現できた。渡邉邸、佐藤邸といった美しい歴史的建造物の続く町並みに連続しながら、今も大切に使われていることをうれしく思っています【図⑮】。

床は私を支える

四方に広がる地面のある個所を、自分の場所に定めるときの初歩的な方法は、平らに整えることです。さらにその性質を強めるための方法は、そこを掘り下げるか、一段高くするかです。原始の人もそのいずれかを行い、現代人も野外でキャンプをするときその方法をとる。前者の方法が竪穴住居【図⑯】で、後者が高床住居【図⑰】です。後者の形式の方が、その機能においても、表現においても幅が広い。従ってその後の歴史的展開においてそちらの流れが主になりますが、しかし竪穴の原記憶は消失したわけではない。すべての住居の根底に潜んでいる。バシュラールが、「すべての家には地

[図⑭]新潟県関川の渡邉家住宅

[図⑮]関川村歴史博物館

[図⑯]竪穴式住居

[図⑰]高床式住居

下室がある」と言った理由もそこにある。しかしこのことは、今日は深入りしないことにしましょう。

人は床を築き、床が人を支える。高床の建築の祖形は、古い神社建築に残っています。あるいは、全国各地の神社の境内に置かれている神楽の舞台も、そういう持ち上げられ、特別な性格を与えられた床の祖形といえると思います。同じくお能の舞台もそうでしょう。琵琶湖を見下す丘の上に立つ三井寺の月見台は、高床の上に屋根が浮かぶ原型の最も洗練された形を示してくれます。高床の美しい例としては、桂離宮や京都御所の紫宸殿が挙げられますが、私の見た建物の中で、最も鮮烈な印象を与えられたのは韓国の屏山《ピョンサン》書院《スウォン》です。遠くから見て、その高く支えられた形が美しいだけでなく、その下をくぐって折り返して、階上に登ると、四方に風景が広がる。そのシークエンスがまた、圧倒的に美しい【図⑱⑲】。

地面を盛り上げて高床をつくる。これも原初からの素形のひとつと言っていいでしょうが、これは普通高床と呼ばずに「基壇（ポディウム）」「マウンド（高台）」と言う。これも原始・古代では、いかなる文化においても見られるものですが、私はアメリカ中西部の平原インディアンの築いたマウンドの簡素で力強い美しさが心に残っています【図⑳】。古代ギリシャの神殿建築は、その調和のとれた全体と洗練された細部で、古典建築の模範とされますが、そもそも、その神殿の建っている丘、都市の中の高台、すなわちアクロポリスが聖なる場所なのです。カーンの滞欧スケッチは、その丘の美しさを見事にとらえていて、感心します【図㉑】。

ピロティは、コルビジュエの特徴ある要素として知られていますが、床を高く持ち上げ特別にする方法として、パラディオのヴィラカプラ（ロトンダ）の基壇に通じるものと言っていいでしょう【図㉒】。

このように大切なものは、上に持ち上げられます。身分の高いものは、上に座ります。上の者は下を見下し、下のものは上を見上げる。建築の階層が社会階層に対応する場合も生じてきます。書院造りの上段の間には主君が座し、中段・下段には身分に応じて臣下が座るという形式は、そのわかりやすい例でしょう。古代において貴族のことを「殿上人」、すなわち上の床に上れる人、と呼んだのもそのたぐいのことで、庶民はまだ地面の上、土間に暮らしていたということです。

西洋の邸宅においても、地面よりも一層上の階を主要な階、「ピアノ・ノービレ（高貴な階）」と呼び、そこに主人の部屋、大切な客の応接間等を置く。これも本質的に同じことと言えるでしょう。先に挙げたヴィラ・カプラもその例ですが、上階を支える下階を基壇としてどっしりと固くつくり、その中に従僕の部屋や作業室を置く。まさに「サーヴァント・スペース（仕える空間）」となっています。

こうなりますと、その高貴なる上階に上っていく階段のデザインが重要になってきます。西洋建築、特に邸宅に、さまざまな、興味深い階段の意匠が登場してくるのは、そういうわけです。「帝王階段」、「グラン・エスカリエ（大階段）」など、数多くの華麗な階段がありますが、これはそれ

[図⑲]屏山書院、
床下をくぐって入る

[図⑱]屏山書院、
中庭から振り返って見る

[図⑳]アメリカ中西部、
平原インディアンのマウンド

[図㉑]アクロポリス、カーンのドローイング

こそ、きりがありませんので、ガルニエの傑作、パリ・オペラ座のロビーの「グラン・エスカリエ」に代表してもらいましょう【図㉓】。

屋根の上の世界

もう一度、屋根の話にちょっと戻って終わりにしたいと思います。本来、建築の空間は屋根で上を限られておしまい、その上はもう大空。そういうものだとはじめに申しましたが、稀に屋根の上に人が居る場合がある。その場合について考えてみたい。

屋根の上は、本来人の居る場所ではありませんから、居るとしたらそれは「人でなし」ということになる。泥棒か忍者ということになる。時代小説などがその良い例で、泥棒と忍者が活躍するのは、屋根から屋根へ、あるいは床下ということになっている。本来上ってはいけない所でしたから、子どものとき、屋根に上るのは心踊ることでしたね。禁を破る愉快さの上に、遠くが見える。下を見下す楽しさが加わる。遠くの砂丘に沈む夕陽がひときわ美しく見えたものでした。

しかし屋根の上を面白く思ったのは子どもだけではない。大人もいる。日本の住宅は、寝殿造り、書院造りが皆そうですが、本来高床の上に一層の屋根が懸かっていてそれで完成というもの

[図㉒]
パラディオのヴィラ・カプラ
(ロトンダ)

[図㉓]パリ・オペラ座
「グラン・エスカリエ大階段」
ガルニエのドローイング

です。水平に空間が伸びる。上は屋根で終り。しかし、やがて時代が進むと、上に登りたがる人々も出てきた。そして生まれたのが楼閣建築です。金閣、銀閣、さらには秀吉の建てた飛雲閣といったものが生まれてきた。戦国の武将、石川丈山が隠居して住んだ京都北山の詩仙堂などは特に屋根の上につき出た世界、その世界に遊ぶ快楽を見事につくり出した例だと思います【図㉔】。

海外に目をやれば、特に目立つ例は、インド、ムガール朝の王様がつくり出した幻の都、ファティプル・シークルの宮殿。主要な部屋は、すべて屋根の上にまた小さい屋根をのせてできている。暑さを避けるためだと説明されているが、実際行ってみれば暑いのに変わりはない。私から見れば屋根の上に住むのは、面白かろうということでやってみた、ということだとしか思えない【図㉕】。

コルビュジエの屋上庭園。これも精神構造において似たようなものです。常識を破ってみれば、面白かろう。そういうことです。サヴォア邸などでは、周りにあんなに緑があるのにわざわざ屋上に庭園などつくって何が面白いかと真の庭好きの人なら思うでしょう。

なんでも、ひとつ常識を破ってみるのは面白い時もある。しかし、屋根は上っていけない所だから上って面白いので、はじめから子どもが上って遊んでいいようにつくられた屋根を見たことがあるが私が子どもだったら、下で遊んだ方が面白かろうと思った。

一番下らないのは、「屋上緑化」といったことを、良きもの、将来の都市の姿などと、勘違いして、

[図㉔]詩仙堂の屋楼、京都

[図㉕]ファティプル・シークル宮殿、インド

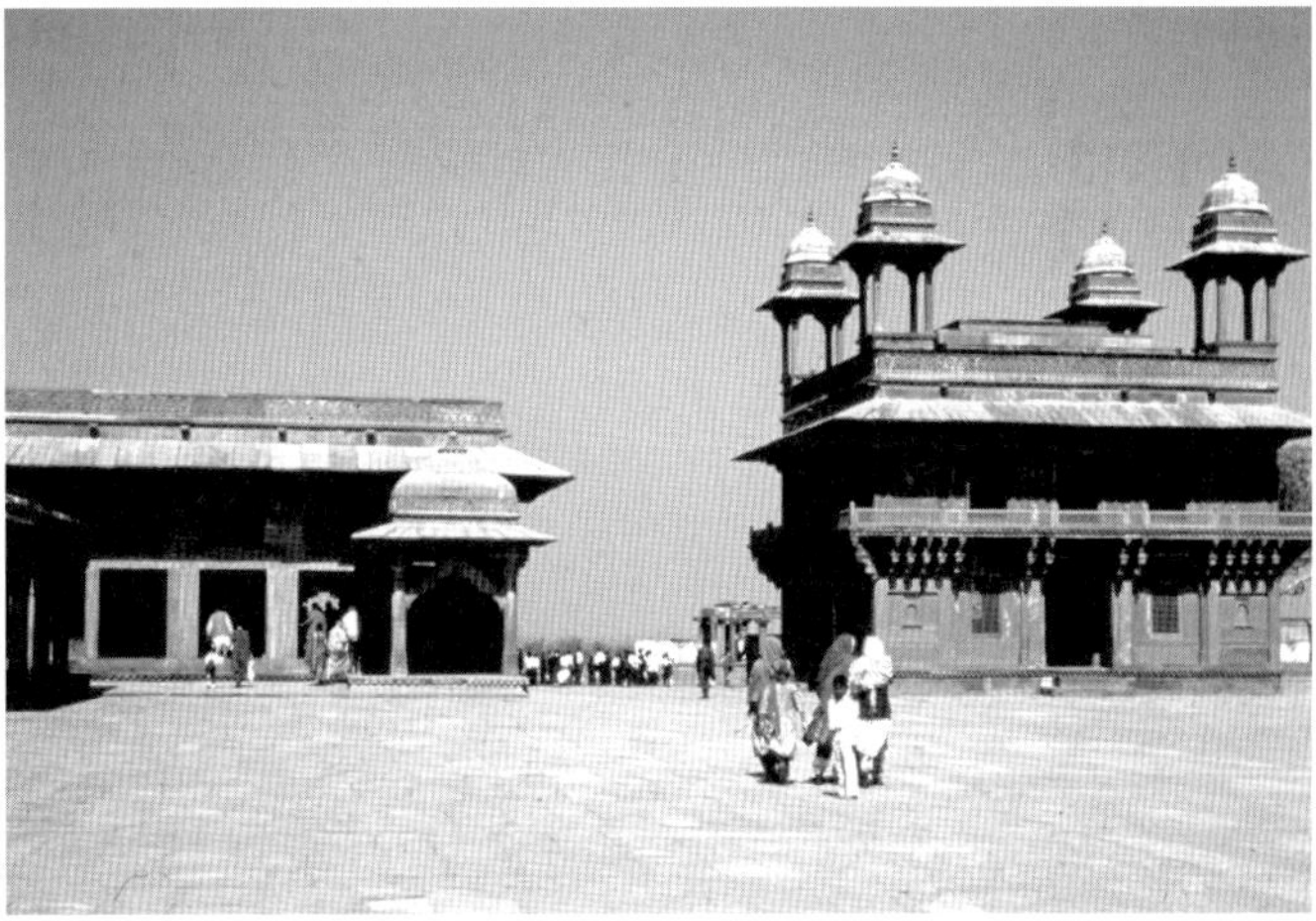

あちこちの自治体が条例などで義務付けることがふえてきたことです。こんな馬鹿げたことは、即刻止めにしたい。と、まあ、文句を言い始めたあたりで、今日は終わりにしましょう。

炉辺問答

――屋根、屋根と言われるが、屋根を持たない空間にも、良い、好ましい空間があると私は思います。たとえば、ヨーロッパに旅したとき、感激したスペインの中庭、パティオ。屋根のない、素晴らしい部屋だと思った。日本の坪庭、あるいは都市の広場だってそうじゃないですか。

パティオの上にも、広場の上にも天井は立派にあるんですよ。大空という天井が。大空をそういうふうに、しっかり切り取って上にいただいているから、パティオは素晴らしいのです。昔、「青天井」という言葉があった。青天井の下で遊ぶ、青天井の下で寝ころぶ、とよく言った。

青天井の方が良い建築の例はほかにもある。私の思うのは競技場、スタジアムです。室内体育館は別ですよ。サッカー場、野球場の上を人工の天井で覆ったら最悪です。そんなところで、サッカーを見たって面白くない。アメリカの球場が、一時屋根で覆うことが流行したが、また、次々元にもどしているのも同じ理由でしょう。馬鹿馬鹿しい大屋根で覆うザハ・ハディドの新国立競技場の案が廃案になって本当に良かった。

――近頃、屋根の上に木を生やしたり、草を植えたりする建物が現われて、それを面白がったり、評価する人も出てきたりしますが、ああいう建築をどう見ますか。

かつてはね、「屋根の上に草が生えるようになった……」とは、「家が没落した、家運が衰えた」ということを意味したものです。そういうことも、忘れられて面白がられるようになったことは、今は昔となったということですかね。私の感覚は、依然として、木や草は家の周りに生えるもので、屋根の上に生える姿は奇妙珍妙なものとしか見えない。しかしこういう手法も、常識が破られた時の面白さで、近代建築で軽んじられてきた屋根の存在を思い出させてくれた意味もあるかとも思いますが、一時のもので、繰り返されたら無視されるものになるだろうと私は思っています。

――「敷地に根ざす」とか、「定義する」とかしきりに言われましたが、そういう感覚は、古いんじゃないですか。現代は違うんじゃないですか。場所に束縛されず、世界中を動き回る、それが現代人じゃないんですか。

一九六〇年代、同じようなことが盛んに言われたことを思い出します。確か、黒川紀章さんだったと思いますが、そういう新しい移動生活をする人間を「ホモ・モーベンス」とかなんとか名付けた。しかしいまだに、自動車の中で暮らしているのは、キャンプのためか、いろいろな事情でいたし方なくか、そういう人たちです。確かに、仕事あるいは観光で外国に行く人の数は増えたでしょう。しかし一方で民族・国家の壁は高くなってきてもいます。これは、一言で言えるような単純なことではない。

　その一方でこういう面も頭に入れておく必要もある。それは、太古の昔から、人間は移動・交流を繰り返してきた生物だということです。実はなにも現代に始まることではない。考古学の進展によって、先史時代の歴史は、昔私たちが習ったころとは大きく異なって、盛んに移動し、交流していたことが明らかになってきている。面白いことですね。

　従って、人間の心の底には、すべての人間の感性の奥には、今居る所を離れて遠くへ行きたい、どこか知らない所へ逃れたい、という気持ちがある。私にもあった。今もある。先回お話しした、私の若い時の日本脱出も、それでした。老年期になると再びその気分がよみがえってきたりもする。そして気がつくのは、放浪願望と定着願望は、ふたつの別々なものではなく、同じものの両面なのです。定着あるゆえに放浪にあこがれ、放浪の中で思うのは母親の待つ故郷の家です。

　そして、建築という世界は、この故郷の家をつくることの側にある。そういうことではないか、と私は考えていますが、話がここまで広がったら、後はワインを飲みながらにした方がよさそうですね。

第三話

私とあなたを共に包む

——部屋と壁の話

九月になりました。雨の中、今日もお集まりいただきうれしく思います。九月の雨は、若い頃には、陰気で嫌なものだと思っておりましたが、近年そう思わなくなった。静かで、心落ち着き、思いが大きく広がっていくような気がする。「静かな雨が、シャノンの谷を優しく包む……。」というアイルランドの詩を読んで感心してからのような気がしているのですが、いや、単に老齢のゆえかもしれない。いずれの理由にせよ、建築は雨風を防ぐもの、という防御的な考えだけでなく、雨風は建築を包んでくれるものという親和的な姿勢に惹《ひ》かれるようになった。ということで、今日は、部屋——私を包む空間——と、それをつくり出す壁についてお話ししたい。

部屋は私を包む

雨が部屋を包み、その部屋に包まれて私は今、ここに居る。皆さんと共に居る。建築家会館のホール、というこの部屋があることによって、それが可能になっている。そういう働きが建築の働きの基本です。私たちの日常の生活は、そして私たちすべての生活は、そのように建築によって支えられている。建築とはそういうものだ、そういう日常を支える仕事が建築です。そういうこと、あたり前のことを、きっぱりと短い言葉で、教えて下さったのは、私にとっては吉村順三先生でした。

私が吉村先生とお会いしたのは、後にも先にも一回きりなのですが、ある雑誌の企画による対談を行った時のことで、その時も大分大儀のご様子で、対談も休憩を何度も入れつつ行った。その時から間もなくして亡くなられた。戦前のアメリカに行かれたときのこと、戦後またすぐ渡られて、ニューヨークの近代美術館の中庭に、書院を建てられた時のこと、などなど、貴重なお話をいろいろうかがったのでしたが、対談の終わりのころに、ぽっと語られた。「私は、いろいろなことをやって来ましたが、建築家として一番喜びを感じるのは、私の設計した建物が完成し、灯がともってその下に集まる家族の笑い声が聞こえるときです」。そう私が繰り返すだけではまったくあたり前のことに聞こえるかもしれない。住む人が喜ぶように設計するのは、当然のことでしょう。こんなあたり前の言葉に、感心するとは、いかに、そのころの私たちの心がモダニズムの革新思想に侵されていたかを示しているにほかならない。

ミース・ファン・デル・ローエが、アメリカに渡って、シカゴの郊外に建てた「ファンズワース邸」【図❶】。透明なガラスの壁で包まれた四角い箱。最初にその写真を見た時は、確かに感心した。美しい。こんな住宅建築が存在し得るのか。しかし、落ち着いて考えて、こういう透明な空間の中で、自分が住めるのか、住むどころか、そもそもこの空間のどこに座って、何を自分がすることができるだろう。こういう空間が、これからの空間だといわれるのなら、これは大変なことになるな、という感想も、私の気持ちの一方では、率直に、あったのです。

まあしかし、こういう空間が自分の住む空間であると思う人がいて、そういう空間を建築家が実現したというのなら、それはそれで結構なわけです。フィリップ・ジョンソンという建築家が自分のために建てた家で、「ガラスの家」【図❷】というものがあります。ジョンソンは、ミースを敬愛するあまり、評論家をやめて建築家になった人で、この家も、ご存知のように、ファンズワース邸をさらに抽象化したような作品です。ここには、エール大学の建築学科の学生が年に一度、招かれる習わしになっていて、私も一緒にいったことがあります。コネチカット州の深い森に囲まれた広大な敷地の中に建っている。隣の家が、ガラス越しに見えるどころか、森の向うもまた森で、ガラスの家の中に入ると、ガラスに包まれているというよりは、森の緑が空間を包む壁になっている。ここなら、私だって住んでもいいか、という感じもした。昔、ミースの下で学んで日本に帰ってきた建築家が、東京の郊外に建てた家を訪れて、ガラスの壁の外側にひしめくように立つ建物にギョッとしたことがあったが、ここは取り巻いている環境がまったく違うわけです。要するにこのガラスの家の空間は、ガラスの壁と、その外にあるもう一枚の緑の壁に包まれて成立している、ということです。

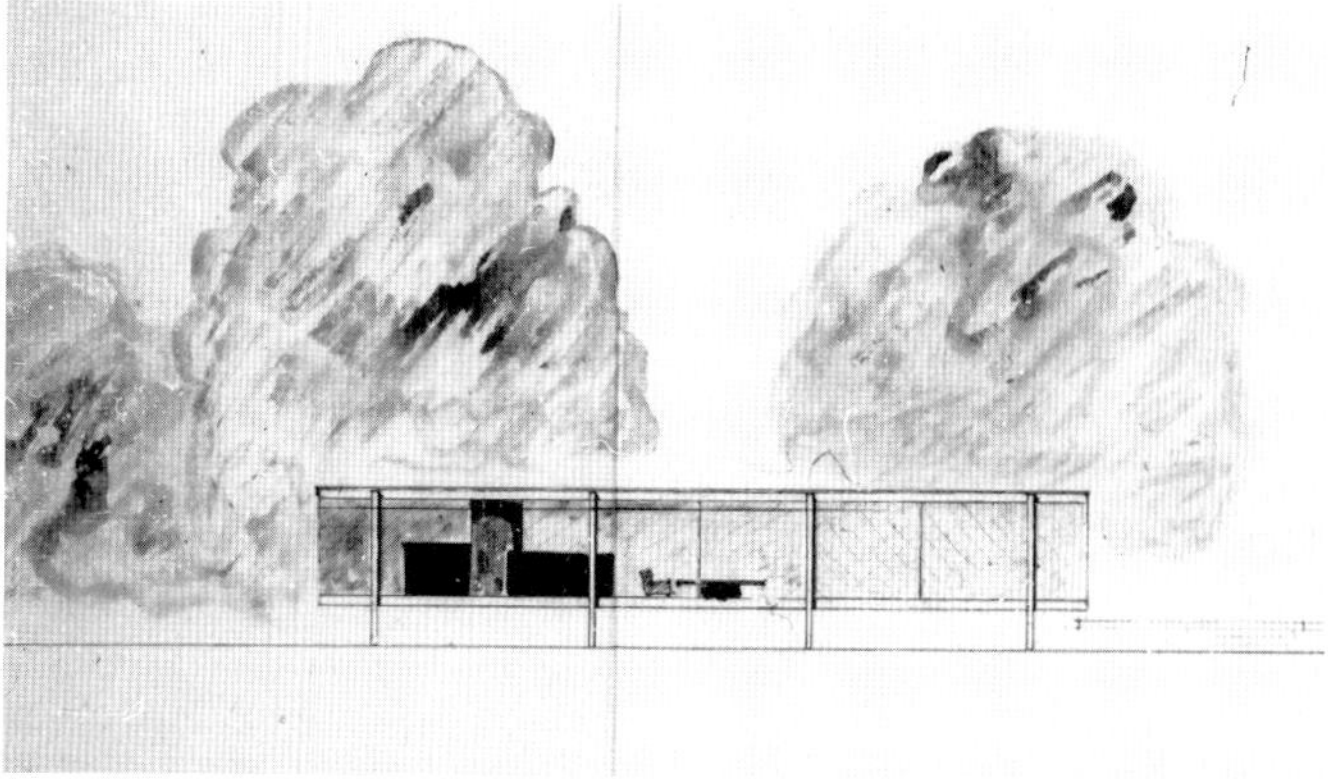

[図❶]「ファンズワース邸」、
ミース・ファン・デル・ローエのドローイング

[図❷]「ガラスの家」、フィリップ・ジョンソン自邸

それにしても、この空間が均一で単調であることは確かです。ここで、家族の団欒が行われるとは想像し難い。まして子どもが遊びたわむれるようすはあり得ないと思われます。あるいはさらに自分がひとりでノートを開いたり本に向ったりすることも難しそうです。自分の居場所がみつからない。できそうに思えるのは、人を招いて集まりをする場合くらいのものか。

実際、このガラスの家の空間は、フィリップ・ジョンソンの家の一部、そのうちのひと部屋にすぎないのです。そのほかの部屋、たとえば寝室とか、書斎は、離れて別々に建っている。ガラスの家は、居間、むしろ応接間というか、そういう空間だけを、切り離して取り出しているものです。しかも、フィリップ・ジョンソンは、同性愛者で家族はない。居間で遊ぶ子どもはいないのです。そういうことがわかると、これはこれとしてこの冷たく美しい空間の存在に納得できます。要するに、これは、フィリップ・ジョンソンという特殊な人間のための特殊な空間なのです。

家のようすは、このように人さまざまです。人がそれぞれ特殊なように、その人にあった家はそれぞれ違っています。兼好法師だって、「およそ人の有様は、その住まいの様にてこそ推し量らるれ」と言っているではありませんか。

設計において、住む人、使う人が何を求めているかを理解することは、重要なことです。住宅に限らず、すべての建築においてそうです。従って、それを考えの外に置いた、設計者の独断的な空間が、さまざまな、悲劇・喜劇を生む。これは私たちの身近に数多くあることですが、といって、住む人・使う人が、新しくつくらんとしている建物に、何を求めているか、実は当の本人もよくわかっていないのが普通です。ここが設計というものの難しいところでもあり、面白いところでもある。設計とは、要求条件という問題に対して、かたちという答えを出すことだ、と言われたりしますが、そういう説明は浅いですね。設計とは、問に対する答を出すだけでなく、そもそも何が問題なのかを探る行為でもある。かたちをつくりつつ、問題を探っている。それが設計という行為です。設計に取りかかる前に、まず、住む人・使う人に質問表を渡して何が欲しいか調査するという設計者の話を聞いたことがありましたが、そんなことでわかることは、たいしたことではない、と私は思います。人間は何をもって満足するのか、これを正しく知ることは、建築を設計する際に大切なことですが、といって、その理解は調査表に書き込んでもらってわかるといったような、簡単なものではない。人間にかかわるすべてのこととのかかわりの中で、得られるものでしょう。しかしこのことは今はこのくらいにしておいて建築の本題にもどりましょう。

建築家の仕事は、何をつくるか、ではなくていかにつくるか、です。人を優しく包み、安定させ、その安定、すなわち日常を保ち守る空間をいかにつくるかにあります。その空間の基本となるものが部屋でしょう。私を包む空間、私の身体を一番身近に包む建築空間が、「部屋＝ルーム」です。ルイス・カーンは、「ルーム（Room）」が、建築空間の基本だと言いましたが、それはこの言葉がドイツ語の「ラオム＝空間」という語から来ているので空間の本質を喚起するものとして用いた。日本語の「部屋」という言葉も「屋」、すなわち建物の単位、すなわち「部」を示しているわかりやすい、良い言葉だと私は思います。

建築の空間とは、私を中心にして無限に広がる空間に、ある限定、区切りを与えたものです。空間の定義は、哲学、数学いろいろな説明がありましょうが、それはどうでもいいことだと私は思っています。建築空間とは、私を囲み、包むものです。その囲いをつくることが建築をつくるということです。その単純なことを、しっかりと具体的に考えてみたいと思います。

囲いは何重にも重なっている

さて、そういうことで、私を包む空間は、何重もの囲いに包まれています。囲いは、幾重にも重なっているのが普通です。一枚だけというのは、滅多にないと言っていい。昔、アメリカを放浪して、ニュー・メキシコの砂漠の真っ只中にテントを張って寝たことがあったが、あのたよりない空間は通常あるものではない。経験した人も多くはないでしょう。先に述べましたように、フィリップ・ジョンソンのガラスの家の空間は、ガラスの壁に囲まれているだけでなく、その外側の厚い緑の壁に囲まれて成立しているのです。そのことを理解しないで、ファンズワース邸のレプリカを東京の郊外に建てた、悲惨な空間の例を述べたのは、そのことを言いたかったからです。

建築空間について、「開放的」とか「閉鎖的」とかよく言われますが、これはそう簡単に言えることではない。確かにひとつの壁だけを取り上げて、それが厚い薄いとか、透明だ不透明だ、ということはあるに違いないでしょうが、ひとつの空間をそのことだけで、開放的・閉鎖的と断ずると、とんでもないことになるわけです。私たちを包んで、私たちの住む部屋をつくっている囲いは、何重にも重なっている。そのことを改めて申したいのはその故です。

そのことに関してもうひとつ、私の経験した空間で忘れ難い例のひとつは、丹下健三先生の自邸です。前夫人とともに建てられたもので、今はもう取り壊されてありません。それはそれは美しい建築でした。桂離宮の書院のように、高床で地面から持ち上げられ、障子で包まれた軽やかな空間が空中に浮いている。私は四年生の時、ある理由で、一週間ほどこのお宅に通って仕事をしたことがあるのですが、ある時、その障子を開けようとすると、夫人に制止された。「あ、開けないでね、のぞかれるから」。そうなんです。確かに家は、成城の通りに面していて、丸見えだった。後に実際に桂離宮に行った時、広い庭園が書院全体を深々と囲んでいるだけでなく、書院の間自体がまず、縁側のゆったりした空間で包まれて存在していることを理解し、丹下邸の空間の開放性は名目的なもので現実には閉鎖的なものだったことを思い返したりしました。

こうした名目的な開放性と実際的な開放性についてはその逆の例もたくさんあるわけですが、これについても、いろいろな例が挙げられます。よく言われる例としては、日本の木造の建築は開放的で、西洋の石の建築は閉鎖的である、という説明ですが、これもそう簡単に言い切れることではない。建築の専門家としては、こうした安易な言い方はやめたい、と私は常々思っています。

例えば、明治初めに日本に来たアメリカ人の学者に、エドワード・モースという人がいます。東大の構内近く、本郷弥生町で、貝塚を発見した人として知られていますが、彼は博物学の研究者らしく、当時の日本の風俗・習慣について精密な記録を残しました。その本の中で彼は、日本の住居について「実に閉鎖的で、町の通りを歩いていても、家の中でどういう生活が営まれているか、まったく感じられない」と言っています。そして次のような図を示しています【図❸】。本郷か小石川か、江戸の中・小の武家屋敷が、官僚や中産階級の住宅地となったあたりの風景でしょうか。黒板塀の続く町並みの風景です。確かに、つい先まで、日本の都市のごく一般的な風景でした。私たちの子どもの頃のあたり前の情景です。堀の中の、住居は障子張りだったでしょうが、その囲いは、もうひとつの高い板塀で囲われて、通りに対して確かに閉ざされています。

この反対にロンドンにはじめて行った時、立ち並ぶ煉瓦造のテラス・ハウスが居間の大きな窓を表の通りに見せて、それぞれの空間の楽しい意匠を競いあっていることに驚いた【図❹】。中でにぎやかな集まりをしている時など、とりわけその活気が外にまであふれ出てくる。その様子を、家の中の人も、通りを歩く人も一緒に楽しんでいる。石や煉瓦の建築が閉鎖的なんて、誰が言ったんだ、と思いましたね。落ち着いて反省してみれば、煉瓦のしっかりした壁で囲まれ、しっかりした表階段で半階地上から持ち上げられているようなつくりだからこそ、居間の窓を大きく開けるとも言える。日本の薄い障子の囲いでは、それひとつで通りと向かいあうことはできない。確かに考えてみれば、町人の町屋の場合は、障子の外にもうひとつの、格子というしっかりした囲いが付けられているではないか【図❺】。

すなわちここで、空間を囲う囲いは、常に一重ではなく、何重にも重なって、その全体で働いているということに気付きます。ロバート・ヴェンチューリが、授業の時、「建築の壁は、常に複数重なっている」と語った時、それは単にひとつのペダンティックな歴史的解釈くらいに思っていたのですが、そうではなく、むしろ、あたり前の建築的事実の再確認だったのです【図❻】。

そしてそのようなあたり前のことに気付くと、あたり前の建築が改めて面白く見えてきます。まず、壁。すなわち空間を囲う最も基本的な要素。その一枚の壁。それだけ考えても、さ

[図❹]ロンドンのテラス・ハウス

[図❸]モースの描いた日本の町家

[図❺]飛騨高山、吉島家の格子

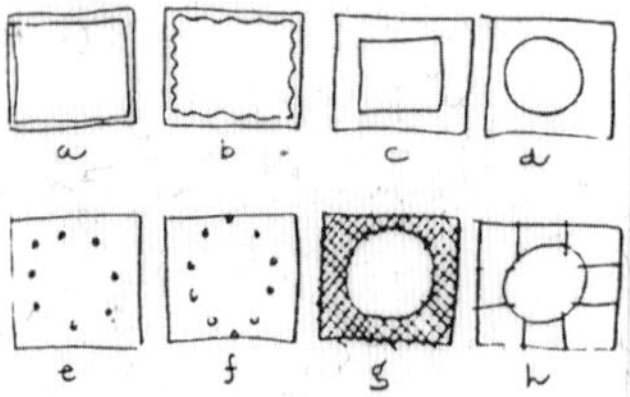

[図❻]ロバート・ヴェンチューリの描いた「何重もの囲い」の図

まざまある。薄い紙の壁、厚い木の壁、土の壁、コンクリートの壁、ガラスの壁、石の壁。同じ木を用いた壁であっても、光や視線を通す格子の壁もあれば、すだれ、列柱、縁側、といったものも、空間の区切り、囲いという働きにおいて、壁の一種だといっていいでしょう。空間をつくり出す面白さとは、まさに、まず、ここにある。建築家の人なら、どなただって同意なさるでしょう。こうした壁のどれを用いて、そしてどれとどれを組み合わせて、空間をつくり出すか。楽しいですね。建築設計の喜びのひとつの頂点ですね。

日本的空間の例として、障子を透けて入り込む光に満たされた空間【図❼】があげられます。確かに、私たちの先輩は、このような空間も、洗練して、丹精された形式に整えあげてきた。こうした空間の中に座るだけで、心が静かになり、安らかになる。しかし、私たちは、誰しも、この障子一枚の外に、荒涼とした景色が展開しているのではないことを知っている。この障子の外を縁側が包み、その外を深くつき出た軒が包み、さらにその外を庭が包んでいることを知っている。その重なりによって、この空間の静けさ、安らぎが生まれていることを知っている。壁は、囲いは、常に重なっている、とヴェンチューリが言ったのは、このことです。

ですから、時に、展覧会の展示物として、どこか異国の公園に、ガラス張りの箱状のものがポンと置かれて、「現代的・ジャパニーズ・ティーハウス」などと言われているのを見ると、「なんだこれは、こんな中で茶が飲めるか、心が安らぐか」という気になるのは、この重なりが無視されていることを誰しも直感せざるを得ないからでしょう。

ヨーロッパにはじめて行って、厚い石の壁の建築を見るとき、たとえば、中世の石の城などを見たとき【図❽】、日本の木の家の中で育った者は、確かにびっくりする。よくまあ、こんな厚い壁を築いたな、よくまあ、こんな重い空間の中で暮らせるもんだと思います。しかし、落ち着いてよく観察し考えてみると、この厚い壁は戦うための建築のもので、このむき出しの荒く厚い壁の空間が、日常の生活のために快適性を欠くことは、人間誰しも共通である。従って、西ヨーロッパでも、戦乱の時代が過ぎ、お城が居住、さらには社交の空間となると、内部の壁面をいろいろ工夫するようになる。ヴェンチューリ風に言えば、壁が二重・三重にしつらえられるようになるわけです。これは、フランス、ルイ王朝の王妃、マリー・アントワネットの愛した、ヴェルサイユ宮のプチ・トリアノンですが、石の壁の内側に、もうひとつ、優雅極まる木造の壁がはめこまれていることがわかる。これは、幸い修復工事中の内部を見せてもらったときの写真です。こういうようすを知りますと、西洋では、建築家という外側の壁をつくる職能とは別に、インテリア・デザイナーという内側の壁をつくるもうひとつの自立した職能が育ってきたこともよく理解できます。

厚い石の壁に対しては、内側に別の壁を付すという操作だけでなく、その厚い石の壁自体の

[図❼]半透明の障壁で包まれた日本の室内

[図❽]厚い壁で包まれた西欧の室内

中に、空間をつくり出す。いわば、空間を掘り出すという操作が行われるようになる。言いかえれば、厚い一枚の壁自体が、多重の壁へと変質していくわけです。カーンが、昔、スコットランドに旅して、その城から学び、授業で私たちに熱心に語ったのはこのことでした。

近ごろの設計で、「境界をあいまいにつくる」といった主張が、しばしば見うけられます。ガラスやプラスチックなどの半透明な被膜で空間を囲む。さらにその輪郭をグニャグニャさせて、その形を不確定なものにする。今日国際的と称される建築家の作品のひとつの特徴で、それは学生たちの作品の中にも流行しているひとつの傾向です。これも、ポジティブに理解すれば、建築の囲いは、多重で多義的であるということの、ひとつの理解とも受けとめられる。同じ英語で「アンビギュアス(ambiguous)」という語の訳語であっても、「曖昧」という言葉が、「多義的」という積極的な、すなわちひとつの方向を示すものとして用いられているか、単にわけわからなくぼやかすのかでは、大きな違いなので、このことは、私ははっきり別にして考えたいと思っています。

部屋の中心

ところで、囲われてつくり出された部屋には中心ができる。わかりやすい例は、日本の民家のいろり、あるいは西洋の家の暖炉（Hearth）でしょう。その暖かい火のまわりに、家族・客人が共に集まる。この金曜の会の連続講義に、「炉辺談話」という呼び名が付けられているのも、「炉辺」に人が集まる力があるからこそです。改めて、こういう名を考えられた大宇根さんに感謝する次第ですが、再び、モースの日本の住居の記録を使わせていただくなら、彼はこのような図を示し、部屋の中心に必ず、こたつのあるさまを述べています。アメリカの開拓時代の住居を見てみると、木造の簡素な住居の中心に、石か煉瓦で築かれたどっしりした塊がある【図❾】。一階と二階の両側の部屋、四つを、同時に暖める暖炉の塊です。ここに同時に、パンを焼いたり、煮物をするかまども組みこまれていた。形としても、働きとしても、まさに住居の中心をつくり上げている。見事な建築的形態ですね。フランク・ロイド・ライトの住宅の中に、この特徴は、よく生かされていると思います。さすがですね。彼の造形力の底にある、伝統的な形の理解力に、私は脱帽するところです。先に触れた、ミースの住宅【図❿】、ジョンソンの自邸【図⓫】の平面をみても、その矩形の囲いの中に塊が置かれている。モダニズムの初期には「コア＝核」という言葉で呼ばれていた。これらの住宅における「コア」は、便所と台所であって、暖炉のようにそのまわりに人を集めるものではない、それであっても、均質に広がる空間を意図していても、その中心に何かを置かないと落ち着かない。ここも改めて考えてみると面白いところです。

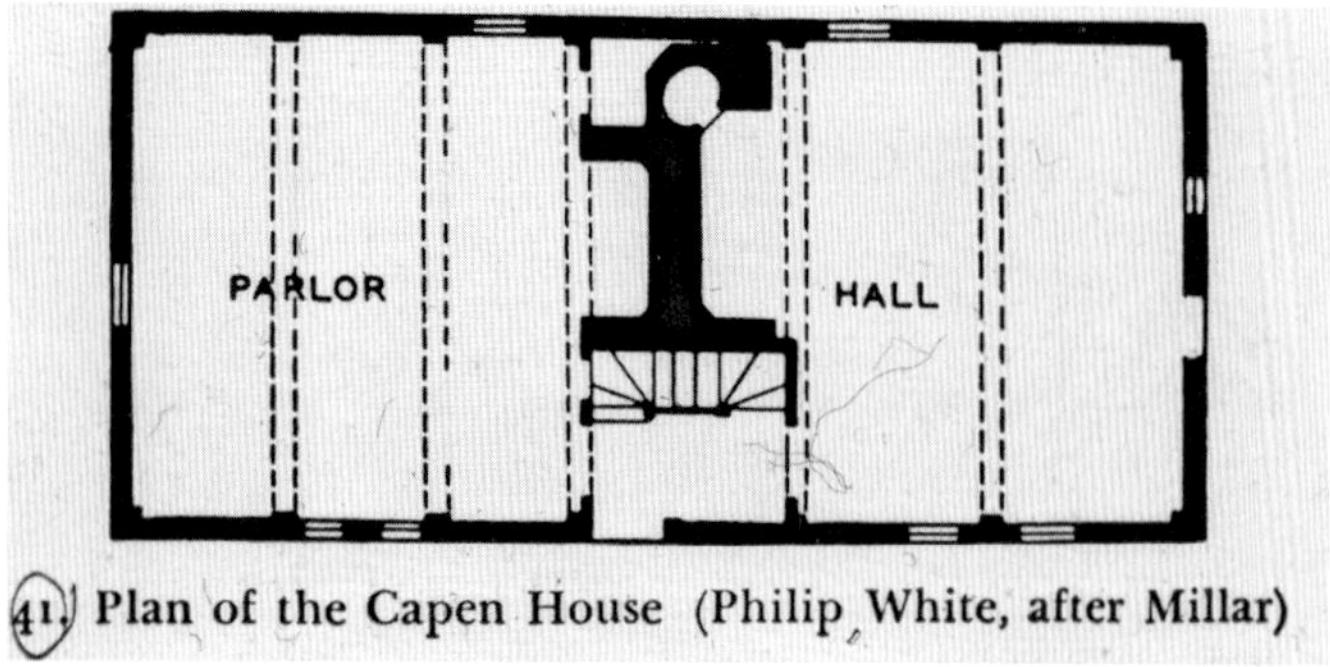

[図❾]中心にある暖炉、
初期アメリカ住宅

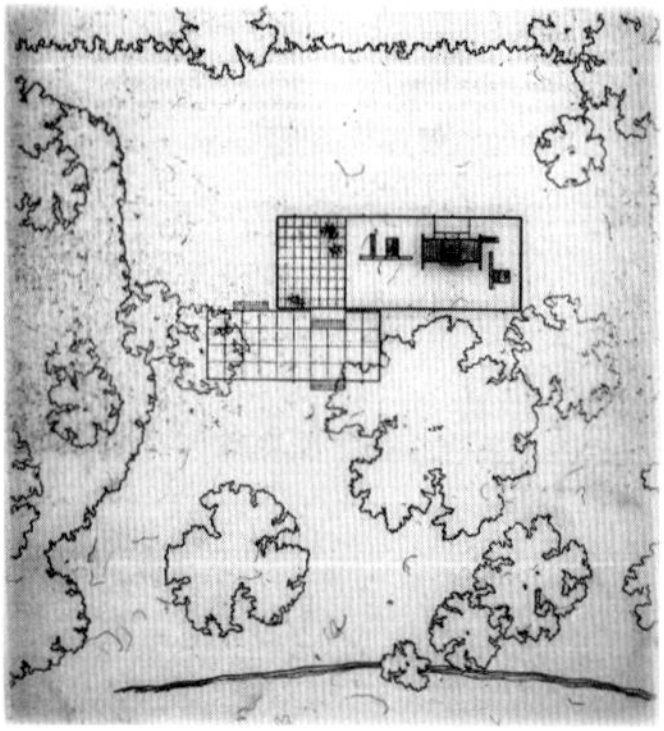

[図❿]
「ファンズワース邸」
配置・平面図

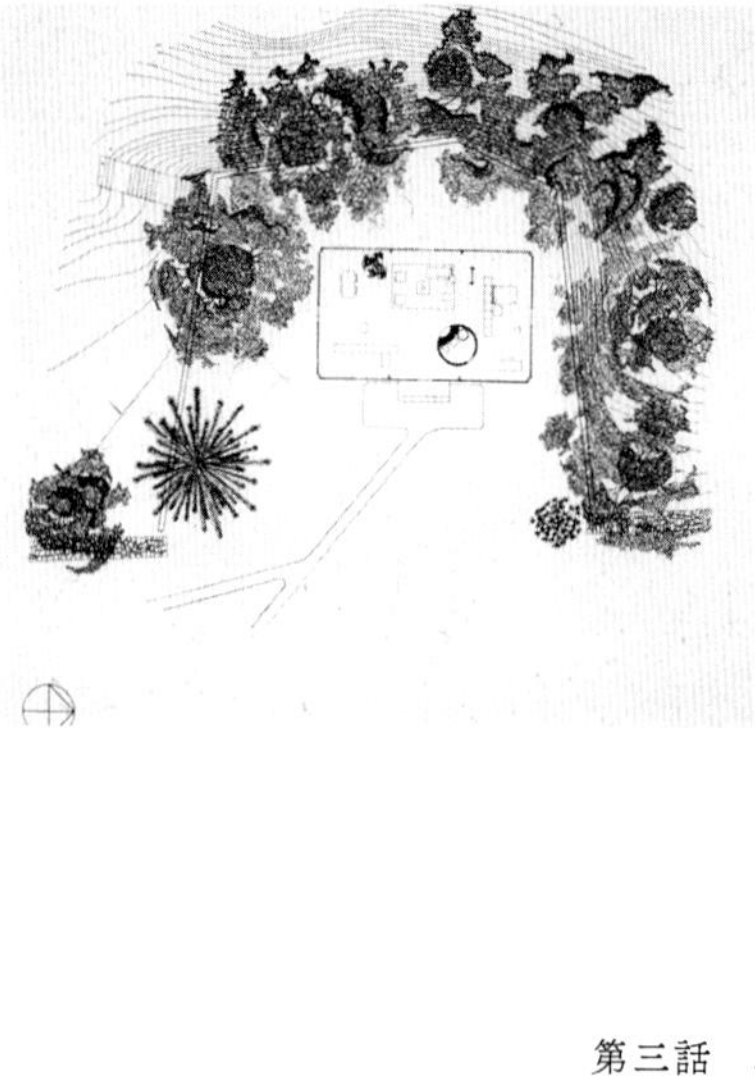

[図⓫]「ガラスの家」
配置・平面図

初源の住居、住居の始まりにさかのぼって、改めて考えてみると、部屋がつくられ、そしてその中心、たとえばいろりがつくられたというのではなく、むしろまず中心、火という中心のまわりに人が集まり、それを囲む物理的な囲い、すなわち建築的な壁や覆いがつくられたと考えるべきか、という気もします。人は、まず集まるのです。集まる時は、集まるべき理由、すなわちその中心が存在している。その集まりを包む形を与えるのが、建築という存在である。そういうことになるのではないかと私は思うのです。縄文時代の住居を見るとき、私は、私たちの心と体の底に潜んでいる、この古い感覚がよびおこされるのを感じます【図⑫】。プエブロ・インディアンの古い住居を訪れ、その住居の中心に、いろりと、そして先祖が昔地中から地上に跳《と》び出てきたと言われる、小さな穴、「シパプ」と呼ばれる床に掘られた小さな穴のあることを教えられるとき、全身の血がわき立つ気がするのです【図⑬】。

中心となるものは、必ずしも火だけではなく、このプエブロ・インディアンのシパプのような小さな穴であることもあれば、石や煉瓦の塊であることもあれば、あるいは一本の柱であることも多い。日本の民家の四ツ間形平面の中心に立つ、大黒柱も、力強い中心です。頼りになるお母さんが「母ちゃんは家の大黒柱だ」と言われるわけです。中世西ヨーロッパのベネディクト会系の古い修道院には、「戒律」を皆で読む「シャピートル」という名の部屋がありますが、その空間の中心、

[図⑫]
竪穴式住居の心柱

[図⑬]
プエブロ・インディアンのシパプ

共同体全員が丸く座る部屋の中心に柱が立っている。これも、私は、ひとつの大黒柱の例だな、と思いました【図⑭】。

床上に中心が置かれるのではなく、天井が中心を示す場合もあります。ドーム＝円蓋という中心を持つ形が上にある時、その下にはひとつの中心が示されます。中心形・すなわち集中形の平面構成を好んだルネサンスの建築家たちが、建築全体の中心となる部屋の上に、ドームを置くことを好んだのはそのせいでしょう。今日でもその空間の力を残している建物、たとえば、イタリアのトーディの聖堂の中に入ると、その空間に働く中心の力に心が踊ります【図⑮】。同じような天井から下の空間に働く強い力が、禅寺の法堂の天井に画かれた「雲龍図」の下に立つ時も感じられる。建築とは、面白いものだと改めて思います【図⑯】。

こうした例は、いくつもある。面白いので限りはないのですが時間もなくなってまいりましたので今日はそろそろ終わりにしたいと思いますが、最後にひとつ、私の設計した建物の中に、ひとつの部屋を持つだけの建築がありますので、それをごらんに入れましょう。函館にあるトラピスチヌ女子修道院の前庭にある建物です。トラピスチヌ修道院は、観想修道会と呼ばれ、その囲いの中で、修道女たちは、祈りと労働の毎日を送る共同体ですが、この修道院の前庭は、一般の人に開放されて、毎日大勢の市民や観光客が訪れる人気スポットになっています。百二十年ほ

[図⑮]中央にドームをのせた聖堂、
イタリア、トーディ

[図⑭]中心に立つ柱、
ベネディクト会修道院の
シャピートル(集会室)

[図⑯]相国寺法堂、天井の雲竜図

ど昔に創立されたとき、フランスから来た修道女たちがつくった、バロック風のシンメトリーに屈曲する階段に向かって、時とともに斜面に面白い庭園がつくられてきました。斜面を仰ぐと、上に修道院の煉瓦の建物が見え、その聖堂の鐘塔がそびえている。庭の上まで登ってふり返ると、函館山が望まれ、海が光っている。というわけで、なんと、年間二百万人を越える観光客が押し寄せて来る。大勢来てくれることは、修道院としては望んでいたことでうれしいのですが、問題は騒がしい、うるさい。特に、旗をかかげたガイドを先に立ててやって来る団体客が騒がしい。それで、庭の中ほどにある休憩所を建て替えるにあたって、この騒がしい人たちが、静かになってくれるような、そういう人の心を静かにするような力を持った建物を、設計していただけませんか、ということになりました。面白い。そういう建築の依頼は、滅多にあるものではないから、ひとつやってみましょう、ということで、出来上がったのがこの建物です。直径十二メートルほどのほぼ円形、正確には十二角形の小さな建物です。外部は、コンクリートの壁で囲まれ、その上に木造の屋根がのっている【図⓱】。内部に十二本の柱がぐるりと並んで立っていて、それがトンガリ屋根を支えている。それだけの空間です【図⓲】。二重の壁で囲まれ、天井がひとつの中心を示しているそういうかたちです。

建物と一緒に周囲の庭も整え直し、彫像なども置き直したのですが、うそのように、観光客

[図⑰]「旅人の聖堂」、函館、トラピスチヌ修道院

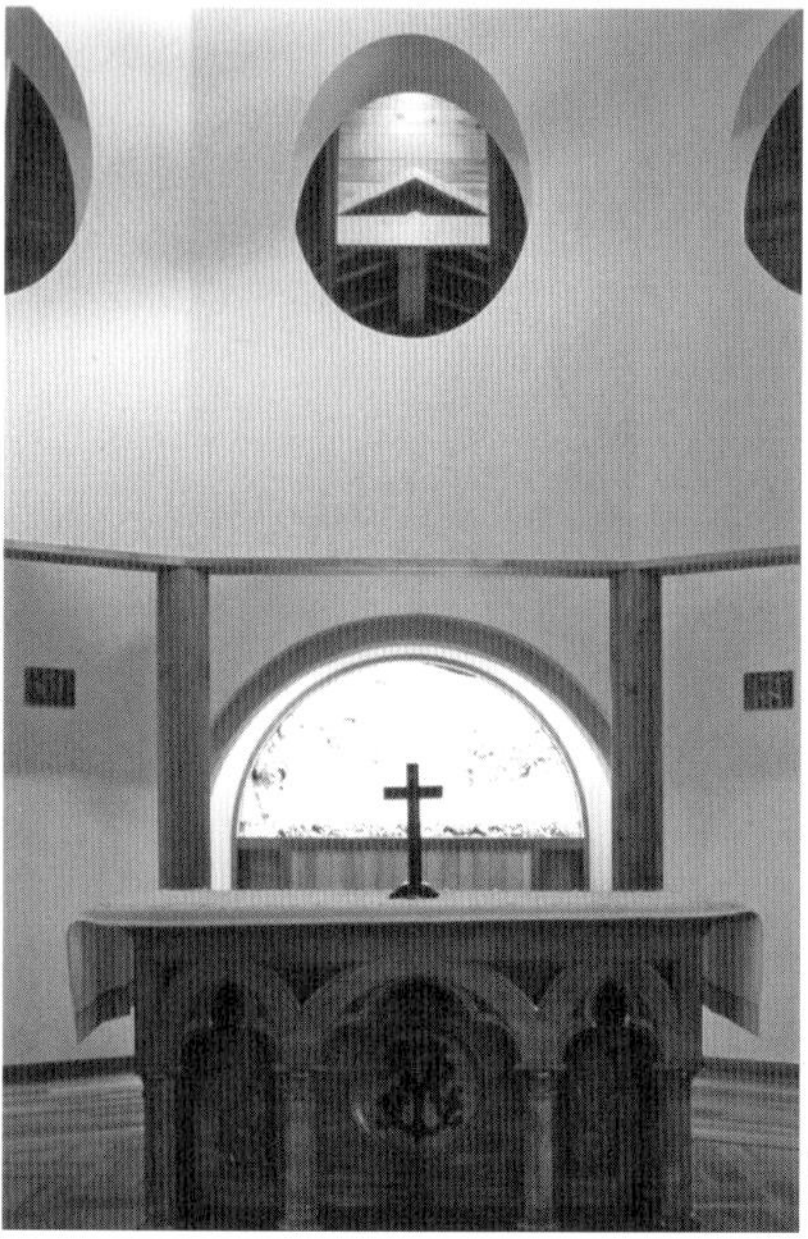

[図⑱]
「旅人の聖堂」内部

は静かに、落ち着いたものになりました。人々は建物の中に入ってくると、一様に静かになり、建物の中をゆっくりと回り、あるいはしばらく座っている。それから静かに出ていく。

ある時、修学旅行で来た生徒の一団がやって来て、皆そろって出ていった後、ひとりもどってきて一寸の間座ってなにかを真剣に祈り、すぐに飛び出して、皆の後を追っていた姿を見たことがある。髪を茶色に染めた、見るところ、いかにも不良っぽい生徒でした。それを見て、僕は本当にうれしかった。

この建物は、「旅人の聖堂」と呼ばれるようになりましたが、カトリックの正式な聖堂ではないんです。正式な聖櫃と聖体灯は置かれていないんです。しかし、部屋のかたち、空間の力だけで、人を祈りに誘う力が少しでもあるのなら建築家としてうれしい。函館にいらっしゃる時があったらぜひ、立ち寄ってみて下さい。ということで今日の話はここまでにしましょう。

炉辺問答

――壁をつくること、壁で空間を囲うこと、それが空間をつくることの本質だと繰り返し言われますが、これも今の時代に言われていることと違いますね。壁を取り除くこと、境界を排除すること、これは、

国際社会において、また社会のあらゆる面で主張されていることではありませんか。ベルリンの壁の崩壊は、抑圧された世界の終わりを示す出来事でした。壁を築け、囲いをつくれ、という考えは、反時代的、反社会的なものに聞こえる。

確かに、近頃よく耳にしますね。壁を取り除く、壁のない社会をつくる、壁があってはいけない……。私はそういう言い方を聞くたびに悲しい。むしろ腹立たしくもなる。なぜって、壁は、私たち建築家にとって、最も親しい友であり、最も信頼できる仲間ですからね。壁、囲い、区切り、境界……そういうものがなければ、社会は成り立たない。人間の文明を振り返ってみてもわかる。原始的な、浮浪する生活から、定着し、それを囲い、特別な場所・空間にしていくことこそ、文明の始まりであり、発展であったことを忘れてはいけない。

人間にも良い人、悪い人があるように、壁にも良い壁、悪い壁があるでしょう。しかし、それは壁自体の責任ではなく、そのように壁をつくり、壁を使う人間が悪いので、壁に罪を着せるのは間違いです。

一般論・抽象論ではなく、今日の社会にはさまざまな、壁、たとえば言葉の壁、国の壁、性の壁、能力の壁が、障害になっていることも確かです。取り除かれるべき壁、改善されるべき壁もあるでしょう。といって、人間の社会・文化は、決して、のんべんだらりと均一に広がった状況でつくり出されたものではなく、たくさんのさまざまなまとまりをつくり、そのなかで、固有性、独自性を育ててきたわけです。そのことを放念して、差別のない、区別のない社会を理想とすることは、理念としても、方法としても、そして言葉の使い方としても間違っているのです。

それぞれ固有の言語が、それぞれの文化をつくり出してきたように私たちはそれぞれを囲む壁がなくては生きていかれないのです。生きるためには、壁は、なくてはならないのです。壁に感謝！と私は言いたい。

——空間を限定するのが、建築をつくるということの本質だと繰り返し言われますが、「無限定空間」という概念がありますね。そしてこの概念こそは、近代建築の理念だったということも繰り返し聞かされてきました。ということになると、いったいどういうことになるんですか。

「無限定空間」。この言葉も、ずいぶん広く、盛んに使われてきましたね。この概念を用いて、威勢のいい建築論も、いくつも書かれてきたような気もする。しかし、一言で言って、この言葉は、言葉として間違っているし、概念として無内容なものです。よくまあ、こう長い間建築の世界にはびこって生きてきたものです。この言葉を使っている本に出会ったら、直ちに廃棄した方がいい。

言葉として間違っているというのは「無限定空間」は、ミースの言った「ユニヴァーサル・スペース(universal space)」の訳語とされていますが、"universal"は「広く」「一般的な」といった意味で、「無限定」などということではないからです。特殊、個別な性格が限定されていても、それが広く万人向きなら、「ユニヴァーサル」なのです。「無限定」などという言葉の響きが、一寸、哲学的で、格好が良いので、一部の建築家たちが振り回してきたというのが実際のところだと言っていいでしょう。

概念として成立していないという理由は、すでにお話しした通りです。空間とは、「限定され」、「囲われること」によって成立するものにほかならないからです。従って無限定空間という言葉は意味をなしていないのです。もちろん私の言っておりますのは、「建築空間」についてです。哲学、数学などなどの空間概念を援用されるのなら、それはまったく別の話にさせていただきたい。私はそう思っております。

建築をつくる喜びとは、空間を限定していく、まさに、その具体的な行為のうちにあるのですからね。

第四話

建築は開き、かつ閉じる

——窓と門の話

十一月になりました。十一月。美しい月ですね。秋が深まって、いよいよ冬に向かう。季節の移り変わりが心に染みるようですね。土蔵の軒先に吊るされた干柿の赤い列が、後の白壁に鮮やかな影をおとし、その下で、そろそろ冬の「雪囲い」の準備が始まる。私が少年期を過ごした雪国・越後では、秋の終わりから春のはじめまで、家は「雪囲い」というこの季節だけの特別な囲いでぐるりと四周を包まれました【図❶❷】。屋根や道の融雪装置が普及した今日、もうこれを見ることはまれですが、屋根まで達する深い雪から建物を守るためには、そしてその深い雪の下で、雪国の人が生きるためには、この「雪囲い」はなくてはならない、季節限定の壁だったわけです。先回お話しした、「部屋を囲む壁は、複数ある」ことの、ひとつの面白い特別な例といえましょう。

雪囲いが付け終わると、急に室内は薄暗くなる。あ、冬がきたな、これから長く暗い雪国の冬だな、という思いが身にしみましたが、その分、冬が終わって、雪囲いが一斉に取り払われ、どっと光が室内に流れ込んだ時の喜びは大きい。季節によって、このように劇的に変化する空間というものは、改めて思い直してみると珍しく面白いものです。

この雪囲いのような特別な例でなくても、すべての建築空間は、開き、また閉じる。開きっ放しのものもなければ、閉じっ放しの空間も存在しない。これもまったくあたり前のことなのですが、しかしそれが建築空間というものの本質でまた面白さの根本でもある。壁は、私たちを囲い包

[図❶]雪囲いに包まれる越後の民家

[図❷]内側から見た雪囲い

むものですが、それは時に応じ、所に応じ、開いたり閉じたりする。それが、壁の「開口部」、すなわち窓や門です。窓や門によって、建築の内と外はつながる。単につながるというだけでなく、さまざまなつながり方をつくり出すわけです。

それぞれの建築の特色が集約的に見えるところですね。設計していても、一番面白いところです。今日は、そのことを、いろいろな具体例を見ていただきながらお話ししたいと思います。

目は心の窓、窓は建築の目

「目は心の窓」。よく用いられる言葉ですが、その通りですね。目を見ればその人が何を思っているのか、どういう心の持ち主かよくわかる。いくら化粧してみても、目に表れる心はかくせない。どんな美人だって、何を考えているのかわからない、死んだような目の人とは話をする気にもならないでしょう。

それならば、「窓は建築の目」、ということになりましょう。窓を見れば、建築の心がわかる。その建築の内はどのようなものか、その内に住む人はどのような人か、窓はそれを外に向かって示しています。だから、まちを歩く時だって、生き生きとした表情を持つ窓の連なる通りを歩く時、心は浮き立ち、反対に死んだような無表情な窓の連なるまちを通る時、心は沈み暗くなる。

内部から考えれば、窓は、外を見るものです。外を、いろいろに切り取って、縁取ってみせてくれているものです。良い景色を、美しい絵のように縁取ってくれる窓を「ピクチャー・ウインドウ」と言います。「窓を開ければ、港が見える、メリケン波止場の、灯が見える……」という古いはやり歌があったような気がします。窓は、さまざまな思いとつながっている。アメリカ民謡にもありましたね。

"There's a lamp shinning bright in a cabin, in a window it's shinning for me...."

「峠のわが家」、という題だったか、「山小屋の灯」だったか。西部をさすらう若者が、故郷の家の窓辺の灯、そこに座って自分の帰りを待つ母親の姿を想って歌う歌です。窓は、そういう力、そういう働きをする建築の最も大切な要素のひとつです。従って、同じ窓から入る光の中で学び、同じ景色を見て育った仲間を「同窓生」と呼ぶ理由もよくわかります。

門も、窓と同じく、空間の内と外をつなぐ開口部、壁や囲いの穴でありますが、門は人が出入りする開口です。窓から人が入って来たら、それは盗人か忍びの者か。

門は入るためにあるといっても、誰でも勝手に入って来られるわけではない。入ることを許される人と、拒まれる人がある。それがあってこそ、門と言える。「この門は常に開かれています」といった言い方が近年よく用いられますが、それは歓迎の意を示す表現であって、不都合なものに対して閉じる働きがなければ門ではありえません。

由緒ある禅宗のお寺、越前・永平寺で修行するためには、入門を請うてその門前に三日立たねばならぬ、と聞きます。そのようにして志願する者の、決意の固さを確かめるということなのでしょうか。「入門」という意味の大きさ、あるいは「一門」、「門下生」ということの強さが理解できます。武道の流派、学問の流派においても、団結の強さを示すために師匠の名を冠して、「何々一門」、「誰々門下」と称されるのも同じ理由でしょう。

入学試験の季節になると、お定まりのように「狭き門」という言葉がまちに流れます。もともとこの言葉は、聖書に出てくる言葉で、信仰に入る時の決意の重要さを述べている点で、永平寺の山門に三日立つことに通じると言えます。入学試験での競争をあおり立てることとはまったく違うのですが、いずれにせよ、門というものが、人生においても、社会においても、大きな働きをしていることを示していると言っていいでしょう。

こういったことを話し出すときりがないほどいろいろな面白い例に気がつきます。諺、常套句にどれだけたくさん建築用語が用いられていることか。これはすなわち、建築が、人間にとって最も古くからある日常の世界のものであることを示しているにほかなりません。というあたりで、具体的なかたちを見ることにしましょう。

窓をさまざまなものが出入りする

窓から、光が入る、風も入る、景色も、時には蝶も舞いこむかもしれない。想像力を豊かにして窓辺に座れば、さらにいろいろなものが出入りする。光といったって、いろいろな光がある。南の強い光、北の優しい光。景色といったって、好ましいものもあれば、そうでないものもある。好ましいかどうかも、時と場合によっていろいろになる。風も、いろいろ。建築の窓とは、そうしたいろいろに対応し、取捨選択し、協調あるいは消去するものだと知ると、窓のデザインは面白いものとなります。私にそのことを初めて教えてくれたのは、これもルイス・カーンでした。

一九六四年、私がカーンの下に行った時、それは、ちょうどカーンが友人エシェリックのための住宅を、フィラデルフィアの郊外に完成させた直後でした。彼はこの小さな住宅の設計のために、三年という時間を費やしました。この住宅の設計で、彼はその後の設計の根幹となるいくつかの理念をつかみ取ったのでしたが、その理念のひとつが、「窓＝“window”」についてのものです。窓の意味、すなわちはたらきとそのかたちについての思考です。窓は、開き、また閉じる。何に対して？光に対して。風に対して。見える景色に対して。光にもいろいろある。風にもいろいろある。見える景色もいろいろある。それに対するかたちはどのようなものか。そして、それらが組み合わさると、どのような窓全体のかたちが生まれるのか。カーンは、そうしたことについて、エシェリック邸の例【図❸】を用いて、あるいは同じ頃設計していた小さな新聞社の社屋【図❹】や、未完に終わったゴールデンバーグ邸【図❺】を参照しつつ熱心に語ったのでした。その説明は、それまで、窓といったら窓、それには木製のサッシュとスチールのサッシュがあるくらいにしか考えたことのなかった私にとっては、まったく何も見えていなかった目が開かれたような驚きでした。

一度そういう目が開かれると、何を見ていても、いろいろなことに気が付いて面白くてたまらないのです。ドイツの十九世紀の絵に画かれている窓は、北ヨーロッパの日光の乏しい空に向かって上部が大きく開かれている一方、下部は、目の前を通る運河に対して、小さく開閉する【図❻】。中世の城の窓は、光を入れる上部は広く、矢を射る下部は狭い【図❼】。イタリアへ旅した時にね、地中海の陽光、そしてにぎやかなまちの広場に向かって、時に応じて開閉する「ベネチア式の窓」の仕組みの、単純にして磨き抜かれたディテールに感心し、その細部をスケッチしました【図❽】。

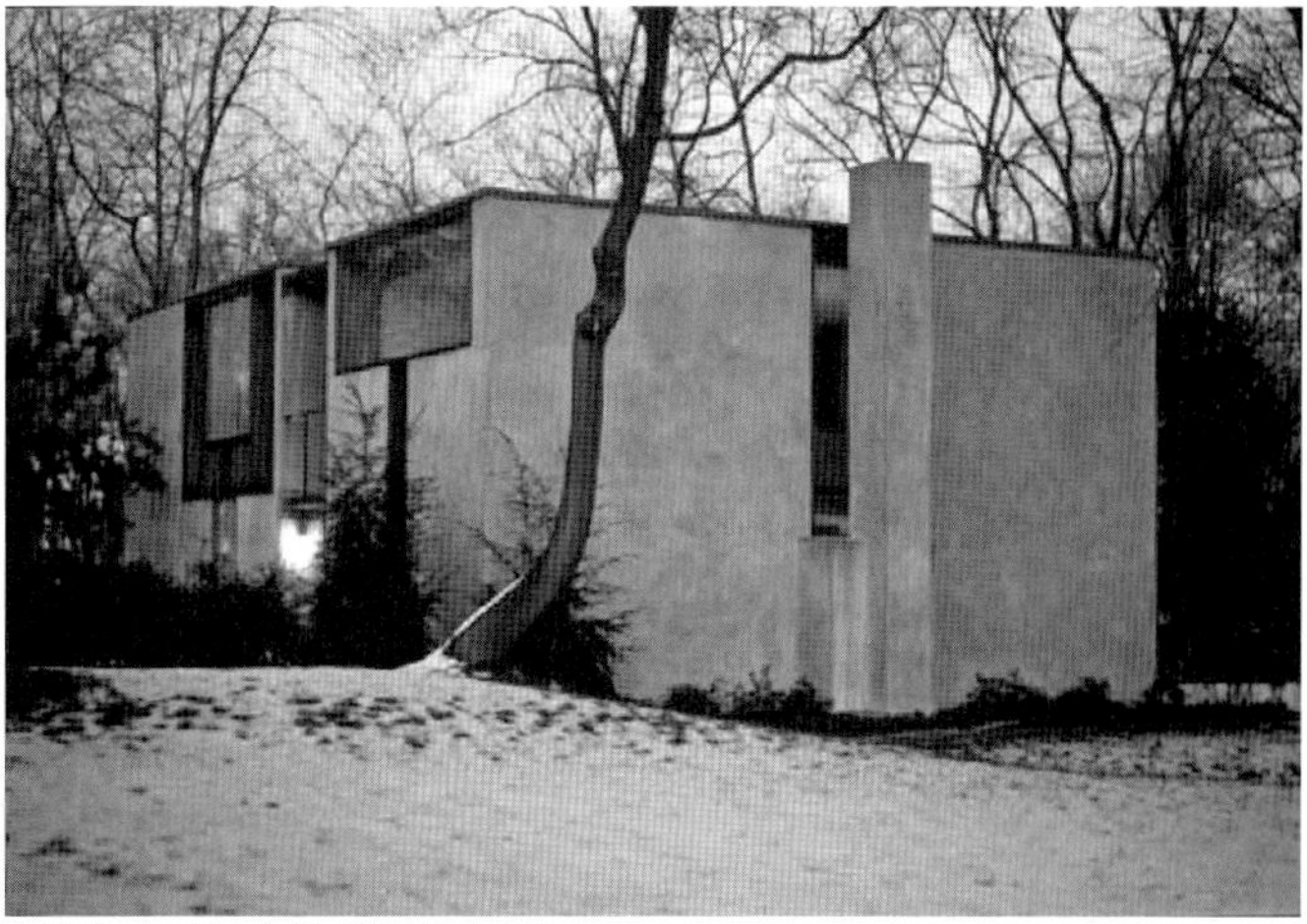

[図❸]エシェリック邸、設計 ルイス・カーン

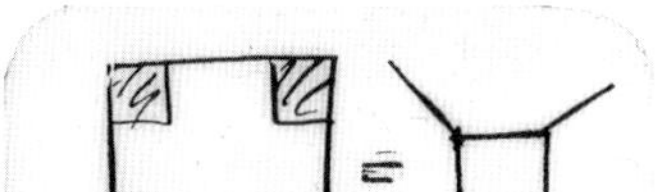

[図❺]ルイス・カーンのスケッチ

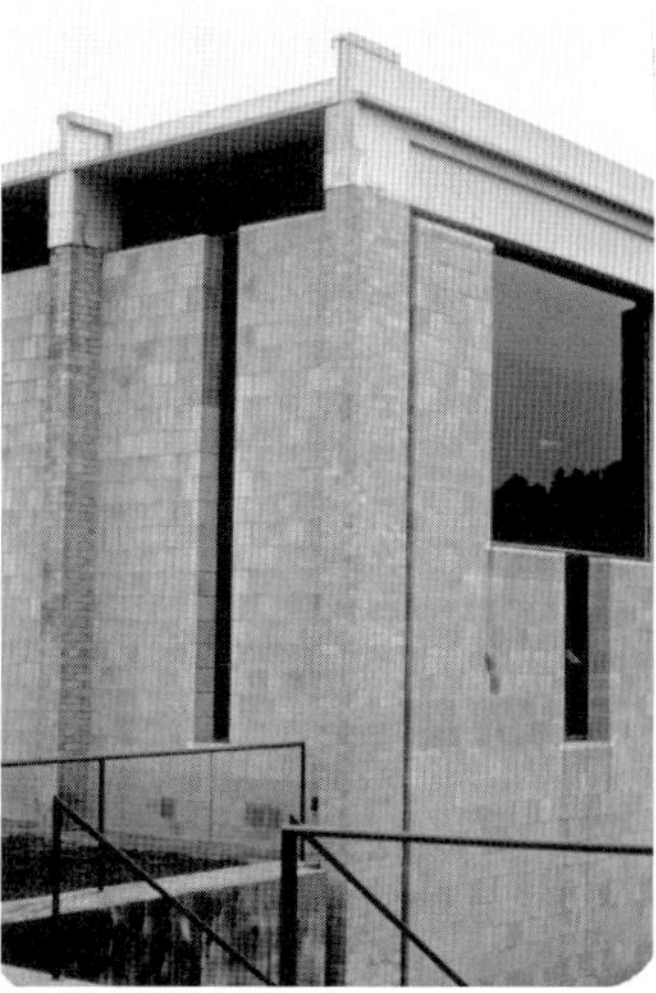

[図❹]新聞社社屋の窓

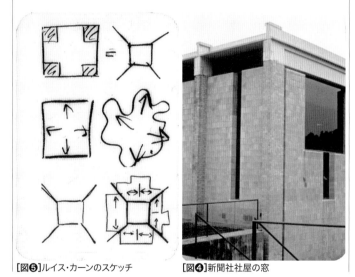

[図❼]中世の城の窓

[図❻]『窓際の女性』、
フリードリッヒ・デイヴィッド

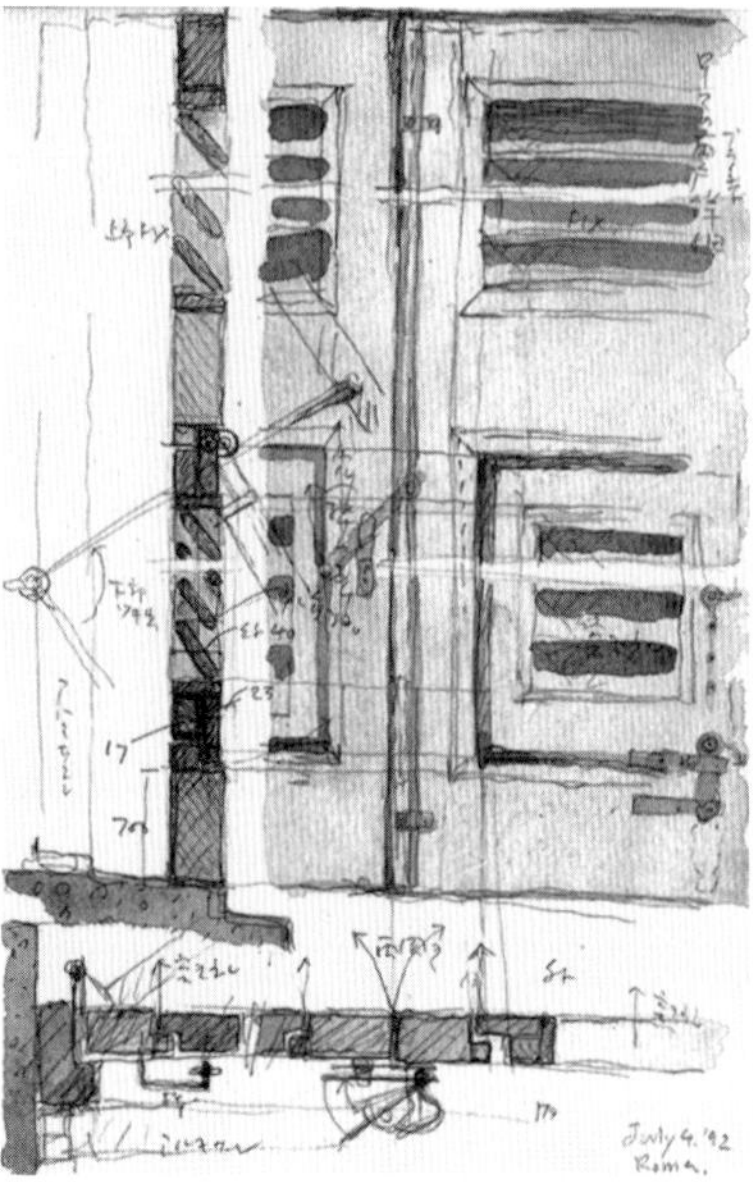

[図❽]ベネチア式窓の
詳細のスケッチ
(鉛筆と水彩)

左右に開くだけなら、よくある「よろい戸」ということでしょうが、その「よろい戸」の下が、さらに「突き出し」になっている。こういう、精密な細工は、図面だけで指示することは不可能で、積み重なった職人の技能があってはじめて可能なものでしょう。こんなことが可能なのは、おそらく、日本の建具職人以外では、イタリアだけではないでしょうか。

窓辺は素晴らしい。窓辺の良き光に包まれるのは至福の時です。十九世紀フランスの歴史家、ヴィオレ・ル・デュクは、中世の建築を愛し、その素晴らしい実例をたくさん記録しています。家のかたち、そこにしつらえられた机や座【図❾】。見ていると私もそこに行って座りたくなる。こうした窓辺は、ひとつの空間、ひとつの小さな部屋と呼ばれるにふさわしい。“window-room”「窓部屋」と呼ばれるわけです。

イタリア・ルネサンス後期の大建築家、アンドレア・パッラディオの名を冠した「パッラディオ窓」と呼ばれる窓があります。ヴィチェンツァにあるバシリカ改築の際に彼が初めて用いたものと言われていますが【図❿】、その後彼自身の建築に頻繁に用いられたのみならず、十九世紀の新古典主義建築に至るまで数限りなく繰り返されたモティーフです。二本の小円柱が半円アーチを支え、その両脇に矩形の小窓が付く、というものですが、見て美しいだけでなく、使いやすい。すなわち、両側の矩形部分があることによって、高さに対する幅の調整がしやすいというのが、その大きな

［図❾］
ヴィオレ・ル・デュクが
記録した
ウインドウ・シートの
例

［図❿］パッラディオ窓、
「バシリカ」、ヴィチェンツァ

理由とされていますが、一番本質的な理由は、「窓辺」という空間の親しみやすさ、居心地のよさが、この両脇のちょっとスケールを落とした形と、その中央の丸アーチの喜びにあふれて上昇するかたちの組み合わせで、見事に表現されているからだと私は思います。

「窓辺の部屋＝ウインドウ・ルーム」といえば、日本の書院窓もその見事な例ですね。窓辺に座って書を読む喜びに満ちている見事なかたちです【図⓫】。禅宗様が入ってきて、その外側に火頭窓が付けられるようになると、さらにその空間の面白さが強調されるように感じます。

日本の伝統的な「しとみ戸」のような、突き上げ式の窓も、面白いものだと思います。突き上げれば、ひさしになって、雨を防ぎ、また日差しもさえぎることができる。従って日本独自ということではなく、雨が多く、日差しの強い南の国では広く用いられているものだと思いますが、こうした窓の面白さは、開け閉めすることで、そこから入る光、風の量が大きく変化するだけでなく、見える景色も変わる。日本の建築は、そのことに敏感に対応して、繊細な工夫を凝らしていった。たとえば、修学院離宮の茶屋の窓【図⓬】。開くと一挙に部屋が明るくなり、下の池に視線が導かれる。池から反射する光が、しとみ戸の下側を照らし、その反射が部屋の奥まで入ってくる。見事なものです。こういう例も、限りなくあって面白さの尽きることはない。

日本の建築とは、このように、建具の動くことをさまざまに利用した例に富んでいるように思います。たとえば、農家の庭先や、商家の店先の、雨戸の下部を外側に倒すと縁台となる仕掛け【図⑬】。これらも、窓が腰掛けになるわけですから、文字通りの「ウインドウ・シート」と呼ぶべきか。九〇年頃、日本に初めて来たヴェンチューリは、すぐさまこのことに気付いて興味を持ち、次のようなスケッチを描き、日本の伝統建築を、「家具としての建築 "Architecture as Furniture"」と呼びました。実際、家具のことは、イタリア語などでは、モビリア(mobilia)、すなわち「動くもの」と呼びますから、まさに然り、というべきでしょう。

というあたりで、ちょっと、私の設計した建物を見ていただきましょう。これまで述べてきたこと、すなわち、窓は、光や風や風景に応じてさまざまに変化する、ということを自分の週末住居で実験してみた例です。

四間四方、建坪十六坪の小さい家です。信州の標高約千メートルの林の中にある。寒い冬を、この山中で過ごすことが好きなので、冬はぴったり閉じた箱になり、夏は四方それぞれに開く、そういう建物です【図⑭】。ガラスは動かさない。はめ殺し。その代わり、板の壁があちこち、さまざまに開く。たとえば南側の庭に面した壁。三段に分かれていて、上は突き上げ、夏の日除けになり、中段は前に倒して縁台、下段は引き違いのはき出し【図⑮】。風が入ってくる。内側に、たいこ張りで断熱の良い引き違いの障子が入っている【図⑯】。西側の和室の窓は低い突き出しで、

[図⑬]農家の縁台

[図⑪]書院窓

[図⑫]修学院離宮の茶屋の窓

下の庭が見え、下方からの光と風が入ってくる。二階の窓は上部の開口から遠く、八ヶ岳連峰が望まれ、下の突き出しを開くと、下の庭の景色と風が入ってくる。寒い冬には、固く身を閉じる【図⑰】。ほかの建築でも、窓のかたち、工夫は、いろいろ楽しんできましたが、窓に劣らず、門のかたちも面白いものですから、そちらに話を移しましょう。

門は招き、また拒む

と、まあ難しいことを言わないでも、家の戸口がそれぞれの表情を持っていると、通りを歩いていても楽しいですね。イギリスからすぐ隣のアイルランドに行きますと、たとえばダブリンのまちもロンドンと同じようなテラス・ハウスの連なる町並みが続くのですが、ダブリンではその入り口の一戸一戸が違う鮮やかな色で塗られている。とにかく、隣と同じにするのは嫌であるらしい。イギリス人とは気質が違うというだけで、ほかに深い理由は何もないらしいですが面白いですね【図⑱】。ひとつのまち、ひとつの同じ通りなのですから、家の形式は同じにして統一を保ちつつ、戸口だけで、違いを出すというわけです。

同じように、アメリカ初期開拓時代の村では、家全体の形式は同じものでありながら、それ

[図⑭]
千ヶ滝山荘 、
南の庭から見る

[図⑯]千ヶ滝山荘 、
中から見た開口部

[図⑮]千ヶ滝山荘、
南面の開口部

[図⑰]
冬の千ヶ滝山荘

ぞれの個性を家の戸口、ポーチの意匠だけで表現しています。素朴で愛らしい形は、見るだけで飽きず面白い【図⑲】。

しかし、門のはたらきで一番重要なことは、囲いの外と内を区切ることです。そこを通る人についていうなら、その人の心を切り替えることです。従って内の空間が外よりも秩序だったものであればあるほど、門もより大きなしっかりしたはたらきをしなくてはいけない。いかなる宗教であっても宗教施設が、形の整った門、入り口を持っているわけです。日本のお寺の山門のいかめしさは誰でもおなじみですから、今ここで改めて示す必要はないでしょう。しかし、今日、半ば観光施設化した入場券売場となっている日本のお寺とは異なり、お隣の韓国の、きちんと合掌して山門をくぐる人々の姿を見ると心が洗われる気がします【図⑳】。

神社や寺院の長い参道は、引き伸ばされた門ということもできましょう。この長い空間を歩きつつ、人は心の準備をするのです【図㉑】。ですから、観光客の便利のためという理由で、駐車場を奥に設け、車で参道脇を通過させているお寺に出会うと悲しくなります。

西欧のキリスト教の教会堂は、都市の中央に位置するのが普通ですから、山門も参道もない。その分、西正面をしっかり固めてつくります。いわば、圧縮された参道、といっていいか。入口中央に聖母マリア像の彫られた柱が、最後の審判の図が彫られたタンパンを支えて立っている【図㉒】。

[図⑱]ダブリンの
テラスハウスの入り口、
左はイエロー、右はブルーの扉

[図⑲]初期アメリカ住居のポーチ、
マサチューセッツ州

あるいは、両脇に聖人の群像が密集して立っている。まさに、何重もの重厚な壁が、圧縮され、重なり合っている。その力を全身に受けながら、会衆は中に入るというわけです【図㉓】。

私の知る限りでは、この圧縮された門を持つ、例外的な寺院建築の傑作がひとつあります。大阪御堂筋に立つ、西本願寺津村別院、通称、北御堂です。御堂筋のにぎやかな並木道に面して壮大な門が立ち、そこから大階段が一気に地上四層目の本堂に達している。緊迫した、圧倒的な空間構成です。大階段下に、展示室、講義室、講堂、事務、研修室などを配した構成もうまくできている。こういう卓抜な建築があることを、私は十年ほど前まで知らなかった【図㉔㉕】。たまたま車で通り過ぎる時、気がついてびっくりし、「何だこれは?」とたずねたら、同乗していた遠藤秀平君が、「岸田日出刀の設計です」と教えてくれて、またびっくり。世の中の評判、歴史家や批評家の目にも、落ちがあるものですね。遠藤氏には感謝です。

かつての伝統的な学校は、立派な門を構えていました。囲いの内の秩序を守り、外に示し、そしてそこに入る者に然るべき心の備えをさせるためです。足利学校の門、見事ですね。日本に来たキリスト教の宣教師が、日本には素晴らしい大学、「コレッジオ」があるとローマに書き送ったわけです【図㉖】。江戸時代の藩校の中でも、とりわけ素晴らしい建築として残るのは、備前岡山の閑谷学校です。士族の子弟の教育のためではなく、庶民のためのものであった、という点も素

[図⑳]韓国の
寺の山門

[図㉑]法隆寺、
参道

[図㉒]
シャルトル大聖堂、
正面

[図㉓]シャルトル大聖堂のタンパン

[図㉔]西本願寺津村別院、模型側面、
設計 岸田日出刀

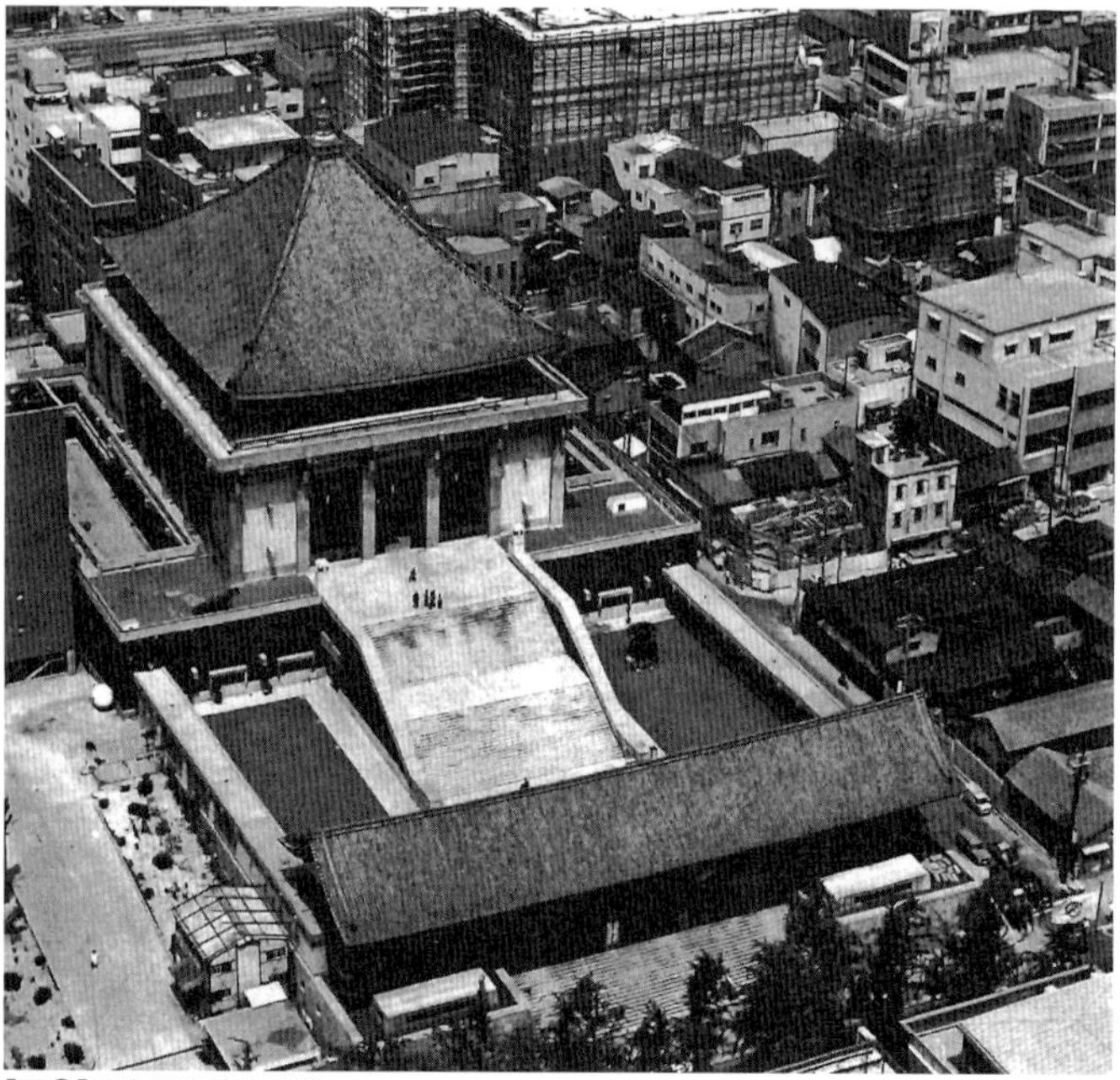

[図㉕]西本願寺津村別院、
大阪御堂筋上空からの鳥瞰

晴らしいことですが、何であれ、その全体を囲む石の塀、そこに設けられた門に圧倒されます【図㉗】。今日でも、その全体の環境がきちんと保たれていることもうれしいことです。

ヨーロッパの古い大学の門も、素晴らしい。特にイギリスのケンブリッジやオックスフォードのカレッジ建築。日本の大学とは違って基本的に学生が居住する宿舎です。古くは、ベネディクトの修道院を源にして発展してきたものですから、中庭を囲む方形としている。「クワドラングル＝四角」と呼ばれるわけです。塀で囲むのではなく、建物自体が囲いとなっている。そこに開いて、門がある。大げさではないが、心を引き締める風格がある【図㉘】。昔見た映画の一場面、新入生が門前に馬車を停めて、荷物を下す、門番がそれをにこやかに迎え手伝う、そのようすが思い出されます。

修道院といえば、囲いの中の生活を生涯守るものですから、門が大切な意味をもちます。伝統的な修道院の門は従って、それぞれ面白いものですが、たくさんあってきりがないので今日はなしにします。ただひとつだけ、申しそえたいのは、修道院とは、人を寄せつけず、冷たく固く閉じているものと思われがちですが、伝統的な西ヨーロッパの修道院は、そうではないということです。特に、客人を大切にする。これは、修道生活の基本をつくった聖ベネディクトの定めに基づくもので、その戒律には、「客人は神の使わしたものと考えて大切に扱え」とある。ということ

[図㉗]閑谷学校の門

[図㉖]足利学校の門

[図㉘]
ケンブリッジ大学
セント・ジョンズ・
カレッジの門

とで、客舎は大切な建物としてつくられていますが、初期の修道院には、門の上に客舎が設けられているものがある、というよりは客舎全体が門となっている【図㉙】。面白い建物になりますね。開きっぱなしの建物よりも、閉じているからこそ、開くことの大切さが強く表れているというべきでしょうか。同じような考えでつくられた門として、どうしても忘れられないのは十九世紀の末、アメリカの建築家、H・H・リチャードソンの設計した、エイムズ・ゲート・ロッジ、これはマサチューセッツ州にあるエイムズ家の屋敷への入口で、それ自体が客人の宿泊棟になっているものです【図㉚】。入口の強調、そして客室の強調、このふたつが共鳴しあって、独自な建築が生まれています。

門について述べるとき、忘れてならないのは都市の門です。古代都市の門、中世ヨーロッパ都市の門は共同体を守る最も大切な門でした。幸い四周海で囲まれていた日本は、異民族相争う状況はなかったのですが、大陸においては都市は城壁で守られてはじめてその秩序が保たれた。古代イスラエルの民が書き記した旧約の書は、宗教の書という以前に、古代の生活の記録として面白い。その中には、絶えず、「国の境いに、平和をもたらしてください」という祈りが出てくる。都市を囲う壁は、常に争いの場だったものです。

――「反抗する者がいれば、城門にいる長老のもとにつき出せ。そこで皆は石を投げ、彼をたた

き出す」（申命記・21）

という言葉もある。

秩序と法は城壁の中にあり、外には無秩序、争いがあった。従って、裁きの場は、門の敷居の上に置かれると記されています。これは西欧の中世都市においても同じです。法と秩序に従う者のみが、城門をくぐることを許され、従わない者は、その外に住まなければならなかった。森に住む「無法者＝アウト・ロウ」とは、都市の壁という法秩序の外に出された者をいったのです。イタリアに今日でも残っている中世都市の門をくぐるとき、私たちにもその門のかたち、そのかたちの力が伝わってきて感動しますね。そしてその内側に展開する町の秩序、そのつくり出す平安に心が躍ります【図㉛】。

建築、あるいは都市の門とは、小さいものであれ、大きいものであれ、その内側の世界はどのようなものか、その外に対してどう向かいあっているかを示して、興味が尽きないものです。

では時間ですから、最後にひとつ、私が設計した小さな門をお見せして終わりにしましょう。北海道函館トラピスチヌ修道院正面入口の門です。ここから前庭に入って、修道院という共同体の囲いへの門は、さらにその内側にあります。この前庭に、先回お見せした「旅人の聖堂」があって、

[図㉙]修道院の門と客舎、
フォントネ、フランス

[図㉚]エイムズ邸、
マサチューセッツ州
設計 H･H･リチャードソン

[図㉛]都市の門、
サンジミアーノ、イタリア

ここまでは誰でも入れるのですが、しかし、修道院という祈りの場に入るための心の準備を促すようなものにしたいという気持ちで設計したものです。門の切妻屋根の頂上には天使像がのっています。この彫刻は私自身が制作しました。そして屋根の下、アーチの開口の中に、ベンチがしつらえてあります。門は、招くところであり、拒まれるところでもあるということは、同時に待つところでもあるからです【図㉜㉝】。

[図㉜]門上の天使像

[図㉝]夕陽を受ける門上の天使像

炉辺問答

――近ごろ、壁一面に、ランダムに、不整形な形の開口を散りばめたような建築が目につきますね。あるいは、小さな丸い開口をびっしり並べたようなものもある。ああいう窓については、どう考えますか。

あれは窓ではない。壁の装飾の一種というか、カーテン・ウォールのひとつというか、私はそう受け取っています。そのわけは、すでに申した通りで、私にとって窓とは、内と外をつなぐもの、すなわち光とか、風とか、景色とを制御するもので、意図とそれに応じたかたちのあるもののことですから。しかし、格子やさまざまなスクリーンも、窓と組み合わされ、その一部ともなりますから、そう厳格に分類することに、私の関心があるわけではありません。まあ、窓から見る喜び、窓からのぞく楽しみのある、なしということですかね。

――昔、学生のころに習った住宅の講義で、玄関は、封建時代の身分制度の名残りである、デモクラシーの時代には破棄すべきものであると聞いた覚えがある。戦後の女流建築家の旗頭の誰かが書いた住宅論にも、門構え、玄関、客間が建築の民主化の敵だ、と書いてあった。そういう考え方について、どう思いますか。

もちろん、身分社会は過去のものですから、それに応じた入口の構えを今もつくったら無意味だしこっけいなことになるでしょう。しかし時代が変ったとて、人を招き入れることの大切さは、人間にとって変わりはない。その空間のつくり方のさまざまな面白さが消えることもない。古きも今も、洋の東も西も、その本質は同じだというところに建築の根本があります。

しかし、もう一度入口、門そのものの問題にかえって考えてみると、この問題の面白さ、大切さは、単に門という建築のひとつの要素だけの問題ではない。この問題、門、入口の問題は、まさに、建築家として内部の空間、外部の空間をどのようなものと考えているかに帰着するわけです。囲いをしっかりと考えるなら門は重要だし、内外の空間がなんとなくさらさらつながっているものだ、と考える人にとっては、門はどうでもいいものかもしれない。

以前、フランク・ロイド・ライトが、フィリップ・ジョンソンのガラスの家を訪ねた時のようすを映した記録映画を見たことがある。たしか、建築家ロバート・スターンのつくったフィルムでした。ライトが「ガラスの家」に入ろうというところで止まって、帽子に手をかけ、フィリップ・ジョンソンに声をかける。「フィリップ！ いったい僕はどこで帽子を脱いだらいいのかね」。ライトらしい気のきいた皮肉ですが、どこが入口かわからないような「ガラスの家」の特徴を見事に指摘している卓抜な批評にもなっている。人間にもいろいろ、その生活にもいろいろ、ゆえに建築も玄関もいろいろ。ここが建築の面白いところですね。

第五話

光は空間をつくり、その内に人は住む

——光と影と闇の話

こんばんは。今日も、お寒い中を、大勢お集まりいただき、うれしく思います。早いもので、年も改まり新春となりました。一月は、一年中でも最も寒い月ですが、しかし、日差しが十二月とは違って、急に明るく、キラキラ輝くようになりますね。「光の春」とは、よく名付けたものです。空気が澄んでくるせいか、日差しの角度が変わってきたせいか。町の通りを歩いていても、空っ風に吹かれていても、敷石の上に跳ねる光とともに、心もはずむ気持ちになる。ということで、今日は、光についてお話ししたい。建築について考えるとき、またお話しする時、私にとって最も楽しいテーマのひとつです。

光が空間をつくる

冬の日の差す明るい縁先。ひとりぼんやりしていたか、友だちと遊んでいたか、あるいは母に甘えていたか。私たちの世代の人間にとっては、子どものころの想い出の多くは、縁側に差していた日差しに結びついています。もちろん、これに限らず、人皆それぞれ、なつかしい想い出の中に、それぞれの光があるでしょう。「夕焼け小焼けの赤とんぼ」、母の背に負われて見たのはいつの日だったか。あるいは、西部への苦しい旅を続ける人たちは、懐かしいケンタッキーのわが家を思って歌う。

"The sun shines bright in my old Kentucky home..."（なつかしいケンタッキーのわが家には、明るく太陽が照っていた……）

思いつくままに拾い上げてみましたが、もっと良い例が、ほかにもたくさんあるでしょう。

日常的な例はこのくらいにしておいて、もう少し深く人間の思考・感情の基本に立ち入ってみますと、光は常にその中核にあることに気付きます。その良い例は、さまざまな宗教におけるお祈りの言葉。そのお祈りの中心に、光、光についての願いが繰り返し現れてきます。

仏教における「無量寿光」という言葉は、仏のありがたい光に限りなしという意味です。あるいは仏の世界、浄土を示す「悉皆金剛」も、すべてが金色の光に輝いているという意味でしょう。真言宗のお経の中で繰り返される「南無大師遍照金剛」という言葉を耳にされたことも多いと思いますが、これは、金色の光ですべてを遍《あまね》く照らしてください、と弘法大師にお願いしている言葉です。力強く、美しい響きのある言葉ですね。

キリスト教においても、光は、根本的な働きをしています。聖書は、光についての言葉であふれているといってもいいほどです。旧約聖書の冒頭、創世記の天地創造の記述、

——「神は言われた。『光あれ』こうして光があった。神は光を見て、良しとされた。神は光と闇を分け……」

は、クリスチャンでなくてもよく知られている一節でしょうが、新約聖書に入ると、イエス・キリストの言葉として光はさかんに出てくる。「光あるうちに、光の中を歩め」とか、あるいは「私は世の光である……」などなど。どこかで、耳にした言葉でしょう。極めつきは、聖書の最後にある「ヨハネの黙示録」で、これはヨハネが夢の中で啓示を受けた「天上のエルサレム」のようすの記述なのですが、その天上の世界が、

——「光だけでつくられていて、影はない、すべてが光輝いている……」

とまことに美しい言葉で語られている。絵描きなら、自分の手で、そのような世界を描き表してみたいと思うでしょう。フラ・アンジェリコの絵は、そうした絵の中の、最も感動的なもののひとつといえるでしょう【図❶】。

宗教は、人間の世界認識の、最も根源的なものでありますので、人間の根本に同じくかかわっ

ている建築と深くかかわることになる。従って、建築とは空間であると理解するとき、そこに光についての認識が浮かび上ってくる。すなわち、空間をとらえることは、光をつかまえることに、つながってくるわけです。

今回もまた、私の拙い経験を語ることを許していただきますと、空間を具体的に、すなわち身体的に、理解することを示してくれたのは、ルイス・カーン。一九六四年、彼のスタジオにおいてのことです。

建築は、空間の芸術である、とは建築を学び始めたときから、誰でも聞かされる言葉です。絵画は平面、すなわち二次元の芸術、そして彫刻は三次元、すなわち立体の芸術、と説明された上で、建築は、同じ三次元の芸術でも、空間の芸術である！　まあ、理屈では、一応わかるとしても、では空間をどうつくればいいのか、どういじればいいのか、となるとわからない。彫刻の学生が、粘土をいじったり、石や木をけずったりすると同じように、空間をいじろうとしても、それはそうはいかない、どうしていいかわからない。ここで建築の学生は、悩む、ノイローゼになる。あるいは脱落するということになる。自分自身もそうだったが、周りにもたくさんそういう例を見てきました。アメリカへ行ったら、学校が美術学校でしたから、建築のスタジオの隣に彫刻のスタジオがあった。建築の学生が、観念のみ膨らませて手が動かないで苦しんでいる時、彫刻の学生は、夢中で楽しそうに(そう私には見えた……)粘土と格闘している。ところが、空間なんて、実体のないものとどう格闘すればいいんだ! こう建築の学生は悩むことになる。

この時に、カーンが「光だ、光を扱うことによって建築家は、空間を扱うことができる!」と示してくれたのです【図❷】。

"Structure gives light makes space"
(構造体が　光を　生み
光が　空間を　つくり出す)

目が開けましたね。確かに、空間そのものは、手でいじれない。しかし、光をつくり出すことによって、すなわち、強く差す光、淡くにじむ光、柔らかく反射する光、そしてさまざまな陰影……をつくり出すことによって、私たちは空間を、ほとんど手で直接いじったかのように、つくり出すことができる。

カーンは、このことを、哲学や数学の言葉を用いた理屈によって説明したわけではありません。

[図❶]
『聖母戴冠』、
フラ・アンジェリコ

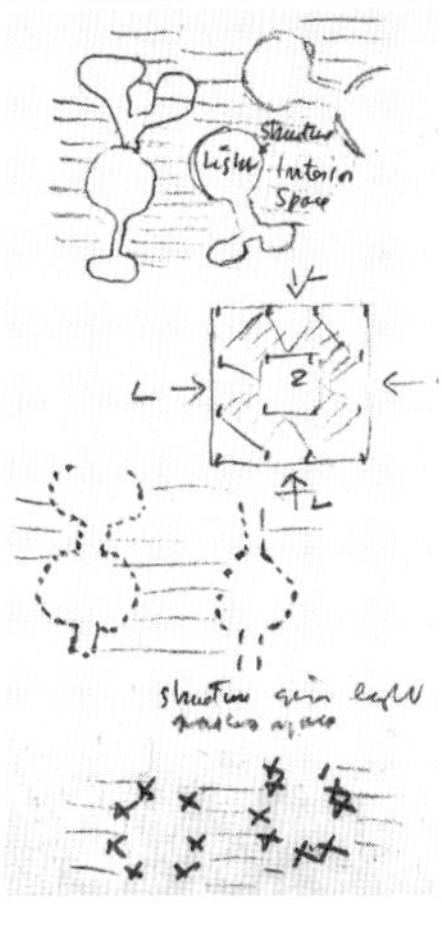

[図❷]ルイス・カーンの
光についてのスケッチ

実際に自分が行っている設計の例によって、そしてまた数々の美しい過去の写真や図面、特にフランス、エコール・デ・ボザールのドローイングを見せつつ私たちに説明したのです。楽しかったですね。驚くべきことでしたね。

そして、ひとたび、このように、建築の空間を、光の存在の仕方、あるいはあり方の特質、というふうに理解できると、これまで、いろいろな建築の巨匠たちが語った言葉も、つながりをもって理解できるようになる。たとえば、ル・コルビュジエの有名な「私は光によって構成する」という言葉、あるいはライトの「現代の建築家に、影は必要ない、今やわれわれは光によってつくるのだ」という宣言なども、単に威勢のいい宣言といったものではなく、それぞれの、空間との格闘の方法を示しているものであることに気づくのです。

では、前置きはこのくらいにして古今東西、さまざまな建築において、光は実際にどのような空間をつくり出してきたか、そのさまざまな姿を見つめ直してみたいと思います。

光と影——射す光

光が物体に射し、影が落ちる。その光と影の対比の中に造形が際立ち、空間が生じる。これが、ひとつのわかりやすい形ですね【下図】。造形演習の出発点が、多くの場合こうした形の理解と、描写の訓練に置かれてきた。石膏デッサンの演習がそれです。ここにおられる方は、皆さんかつてなさったことでしょう。木炭やコンテで手を黒くしながらミロのビーナス像、あるいは、ギリシア建築の柱頭の石膏模型に向かいあったものです。

石膏模型に、古代ギリシアの作品が選ばれるわけは、改めて申すまでもない、彼らのめざした理想の形は、光と影の造形の内にあったからです。古代ギリシアの作品は、それが最大の効果を発揮するよう丹精されている。すなわち、全体のかたちも、そのようにつくり上げられ、その細部もまた、そのように洗練されている。パエストゥムの神殿の、見事な全体構成、それが、光と影の鮮やかな対比の内に示されている姿を見てください【図❸】。そしてまた、その細部、円柱の操り形のひとつひとつが、考え抜かれ、練り上げられている。フルーティングの断面が、ローマのように単純な円弧の一部ではなく、楕円の曲線であることによって、

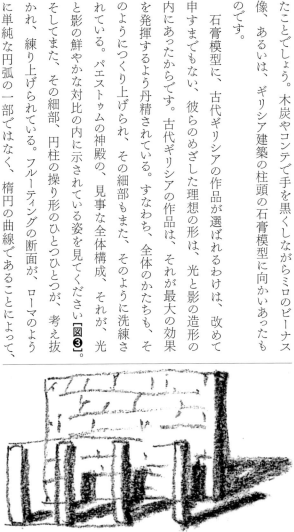

影がなんと鮮やかに浮き立っていることか【図❹】。大学三年生のとき、藤島亥次郎先生の授業でその話を聞いたときには、ただ聞き流していただけだったこのことが、その後ヨーロッパ遍歴の旅で、この建物の前に立った時、鮮烈によみがえった。良い先生とは、ありがたいものです。

このような、光の造形を理想とした現代建築家の代表のひとりは、ル・コルビュジエでしょう。彼のよく知られた建築宣言、というか建築の定義、

「建築とは、光の下に集められた立体の、知的で、正確で、壮大な遊びである。立方体、円錐、球、円筒あるいは角錐という偉大な原形を、光がくっきりと浮かび上らせる」。

これは、彼の初期の著作であり、モダニズムの聖典のような役割を果たした『建築をめざして』（一九二三年）の中にある言葉ですが、この言葉の説明として、彼が示しているのが、アテネのパルテノン神殿をはじめとする古代ギリシア建築であることも納得できます。

もちろん、彼の述べていることの、最もよい例は彼の作品です。初期の作品、たとえば、「サヴォア邸」は、まさに光の中に置かれた純粋立体の遊びですが【図❺】、後期の「ロンシャン」の礼拝堂のように、うねった不定形を用いるようになったときでも、「光の中に置かれた立体の遊び」である

[図❹]パエストゥム神殿の柱を見上げる

[図❸]パエストゥム神殿

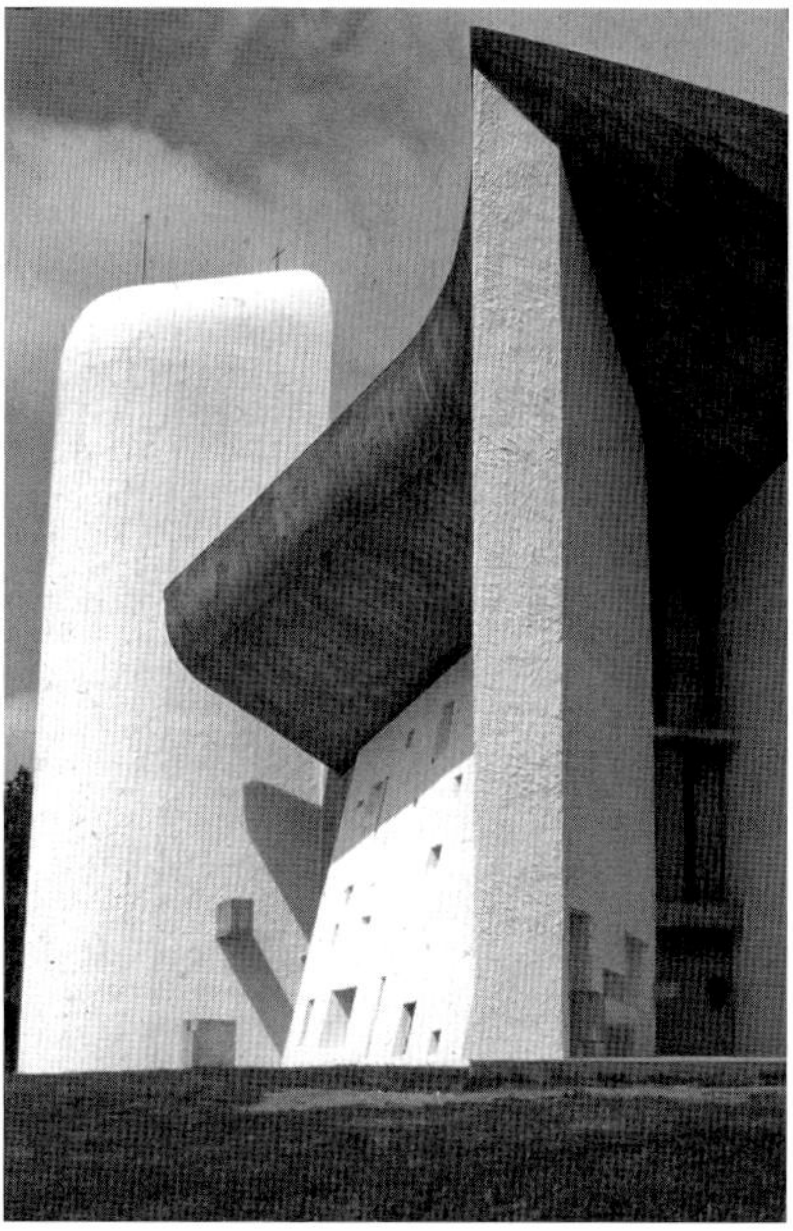

[図❻]ロンシャンの礼拝堂

[図❺]サヴォア邸

ことに変わりはありません【図❻】。
では、こういう造形理念がつくり出す内部空間は、どのようなものになるか。先に描いた図に続けて図式的に示すなら、このようになりましょうか【下図】。

暗い闇を切り開いて差し込む光がつくり出す空間です。その光が、暗い影との対比の中で生み出される造形です。そのひとつの典型は、ロンシャンの内部空間でしょう。訪れた方も多いでしょうが、行かなくても誰でも知っているモダニズム後半を代表する作品です。

私が駒場の教養学部の学生だったとき、生田勉先生とその助手だった宮島春樹さん――良い作品をいくつかつくられ発表された後、日本を捨ててイタリアに行ってしまわれた――が、ヨーロッパから船便で三カ月かけて到着した最新の雑誌を前にして、「大変だ、大変だ、コルビュジエが変貌した」と言われているのを耳にして、何が大変なのかと、無知だった私たちはいぶかったことを思い出します。今考えれば、コルビュジエ初期の純粋形態――「プリズム・ピュール」――から、表現

主義的な不定形態への変化は、周りを驚かせて当然だったでしょう。しかし、彼の光と影の対比的造形という理念は変わることなく持続している。

そしてさらに歴史を通観してみればその理念・理想は、同じく、古代ギリシアを理想と仰いだ古代ローマ、そしてこうしたそれらつらなるルネサンス、そして古典主義へと続いていることがよくわかります。

古代ローマから、例をひとつ選ぶとすれば、パンテオンの神殿でしょうかね。円柱の上に、半球がのった、単純明快な純粋立体。比例はすべて一対一。ローマ帝国が滅亡して、キリスト教の時代に入り、次々にローマの神殿が破壊されていっても、これだけは誰もこわそうとしなかった、いや、できなかったほど、完璧な形態だった。それがゆえに今も残っているというべきか。内に入れば、ただひとつの開口、頂点に置かれている円形の天窓、そこから差し込む一筋の光が空間を貫いて走る【図❼】。美しい、というより、崇高な力がある。初期キリスト教徒ならずとも、これに破壊の手を下す人間はいないのではないか。そう思わせる見事な空間です。

十五世紀イタリアにはじまるルネサンスの目指した理念は、ひとつには古典古代の様式、すなわち「建築のオーダー」の復興ですが、もうひとつの理念として「中心」の復興、すなわち集中しまた放射する形態への願望を見落としてはならない。この理念の代表として、歴史の本で常に挙げられるのは、ブラマンテの「テンピエット」ですが、実際に見に行ってみると、小さな中庭にはめこまれたように建っていて、周りに放射するような形の力は感じられない。

私がむしろ取り上げたいのは、トーディの聖堂です。中世の丘の町・トーディの丘のふもとにある。中心に半円ドームをのせた角柱を置き、四周に半円柱を配している。単純明快な幾何学形です。町なかに敷地がとれなかったので、町はずれのブドウ畑の中に建てたのでしょうが、そのおかげで、四方に力を放つ中心型の特徴がよく出ています。明るいイタリアの外光から内部空間に入ると、闇を貫く鮮やかな光がある。設計者が誰なのか、よくわからない。レオナルド・ダ・ヴィンチの残したスケッチ・ブックの中に、同じような集中形式の教会堂が繰り返しスタディされています。それで、地元では、レオナルドの設計と言われたり書かれたりしていますが、確固たる証拠はないらしい。しかし、そう言いたくなるような、見事な建物です【図❽】。

このような光の理念は、ここから先、バロックを生み、古典主義を生み、新古典主義を生み、そしてモダニズムにおいては、ル・コルビュジエにつらなっていることは、もう繰り返さないことにしましょう。ただ、フランス古典主義の生んだ大傑作、ジャック・ジェルメン・スフロ設計のパリのパンテオン、サント・ジュヌヴィエーヴ聖堂【図❾】そしてアメリカの第三代大統領にして建築家、トーマス・ジェファーソン設計のヴァージニア大学図書館【図❿】。このふたつだけは、私は、はずしたくないので、

[図❽]トーディの聖堂、
内部、トーディ

[図❼]パンテオン神殿、内部

[図❾]
サント・ジュヌヴィエール聖堂、
設計
ジャック・ジェルメン・スフロ

[図❿]
バージニア大学図書館、
設計 T. ジェファーソン

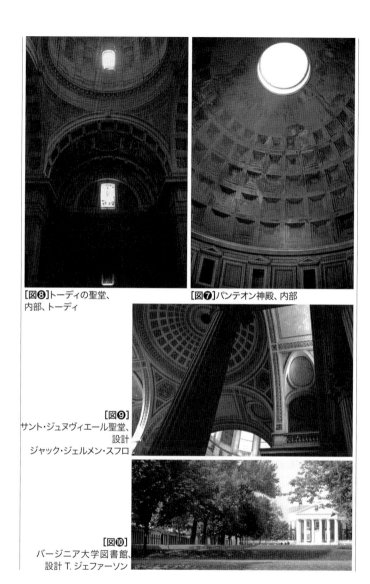

見ていただきたい。

光と闇——満たす光

さて、これまでお話ししてきた例と対比的な、もうひとつの光の理念、光が空間となる形があります。このスライドを見ていただきたい【図⓫】。光が、空間を一様に満たしている。というよりは、空間は光のかたまりとなっている。そういう光のあり方を建築の理想としたのが、十三世紀ゴシック建築と言えますが、またその最高の実例が、サント・シャペルです。本来はフランス王家のための聖堂で、一般の人のための教会堂ではない。今、パリのシテ島にあるフランス高等法院の中庭に残されていて、公開されています。この光のかたまりとしての建築空間の素晴らしさは、ほかのどこでも経験できない圧倒的なものです。最初にこの空間に入ったときの、全身がしびれるような全感覚がゆさぶられるような興奮は、それまでも、それ以降も、私は、経験したことがない。

ゴシックのステンド・グラスが素晴らしいものであることは、もちろんそれまでに知識としては知っていた。しかし、それがこのような空間をつくり出すものだとは、認識していませんでした。十二世紀のフランスに、それ以前の長いロマネスクの建築を基盤として、ゴシック建築が、昇る太

[図⓫]サント・シャペル、パリ

陽のごとく登場してきた。この驚嘆すべき新様式を生み出した契機は、「飛び梁——フライング・バットレス」という画期的な構造方式の発明にある。このことは、藤島先生の歴史の授業でも習い、本でも繰り返し読んではいたことでしたが、ではなぜ、そのような構造方式を求める努力が重ねられてきたのか。そこに私の考えが至ることはありませんでした。そういう説明も、日本の大学にいる間、受けたことはなかった。アメリカの大学では、講義と平行してたくさんの参考文献を読まされましたが、その中で、ゴシック様式の発明は、光の探究の中から生まれたという説明に出会った時、私は、目が開けたのです。いろんなかたちで、いろんな予期せぬ時に、人は教えられるものですね。

アメリカでの生活にひと区切りをつけて、ヨーロッパへ行くことにしたのは、この光を直接この目で確かめたい、ということだったのですが、そのことを伝えた時に、「ゴシックを見にいく時は、早起きして朝日の射し込む時に行け。そのために、前の晩は飲みすぎず早く寝ろ。そしてパリではノートルダム大聖堂だけでなく、サント・シャペルを見に行くことを忘れるな」と教えてくれたのは敬愛する教師、ロバート・ヴェンチューリです。ありがたい忠告でした。従って僕も、後に教師になってから、学生に同じことを言っています。何人この忠告に従ったかは、私は確かめておりませんが……。

ゴシックの光あふれる空間は、今日の私たちにとっても限りない感動を与えるものですが、今日のような人工照明のなかった当時の人にとっては、――今に残るロマネスクの教会堂は、今の人にとっては誠に暗い空間ですからねえ――どんな響き、喜びであったことか。パリの北、サン・ドニ修道院聖堂の内陣――この空間がゴシック建築誕生の場所、すなわち最初のゴシック様式――といわれている建築ですが、つくり上げた当人である修道院長シュジエール自体が出来上がってよほどびっくりし、感動したようで、その壁に、次のように記しています。

「聖堂は、最も聖なる窓の、驚嘆すべき、限りない光によって、その内なる美を輝き出した……。」

周囲ももちろん驚嘆したわけで、建設途中だったパリのノートル・ダム大聖堂は途中からゴシック様式に変更され――従って今見るノートル・ダムは一層目の柱がロマネスクです――、イル・ド・フランス、パリを囲む地方には次々とゴシックの大聖堂が建設された。イル・ド・フランスの三姉妹と賞されるゴシック建築の三つの大傑作、シャルトル、ランス、アミアンの三つの大聖堂は、そのようにしてほぼ三十年も経たぬうちに次々とかたちを現した。それだけでは止まらない。ゴシック様式はドーバーを越えてイギリスへ、ライン川を越えてドイツへ、アルプスを越えてイタリアへと広がったわけですから、ゴシックがいかに強烈に人々の心を魅了したかがわかります。十三世紀フランスを中心にした西ヨーロッパは、建築においてはゴシック様式、政治においては王制、社会生活においてはキリスト教を基盤とする共同体という安定した秩序をつくり上げた。これが続く十四世紀において、大混乱におちいり、十五世紀のルネサンスに突入する。こんなことが、どうして実際におこったのか。私は西洋の歴史を思い起こすたびに、毎度不可解な気持ちになるのですが、今日はそんなことを問題にする時間はないので、ゴシックの建築、そして精神が、さまざまなかたちで回帰してきた十九世紀に一挙にとびます。

しかし、その前に一言述べるなら、その間にもゴシックの精神は消えたわけではない。絶えたわけではない。一度人の精神の生み出した理想は、時に時代の表になり、時に底に沈みながらも、連綿と続くものであるに違いないでしょう。バロック特に後期バロックの、曲線の重なりあう形態、ゆれ動くような空間の扱い方に、ゴシック精神の伝統がみられることが指摘されますが、光源が明示されない、包みこむような光の扱い方も、ゴシックの空間を満たす光に通じるものがあるように、私には感ぜられます【図⓬⓭】。

十九世紀後半のゴシック・リヴァイバルは、壮大なゴシック精神、さらには広く、文化、社会制度の回復を目指すものでもありました。ですから、短い時間で、その全体を要約することは、

[図⑬]サンタ・アンドレア聖堂、
ローマ、設計 ベルニーニ

[図⑫]「トランスパレンテ」、
トレンド大聖堂、スペイン

簡単にはできないことですが、復興といっても、その様式を正確に復元しようとするものから、新しい解釈を加えようとするものまでさまざまあったわけです。

たとえば、ステンド・グラスを用いないで、光と色彩で空間を包みこもうとする。その新しい方法として創出されたのが「ポリ・クロミー＝多彩色」の壁面です。ロンドンのマーガレットフィールドにある、オール・セインツ教会【図⓮】はその面白い例で、たちまち流行し、アメリカに渡ればボストンのトリニティ教会【図⓯】のような作品を生んだ。どちらも内部空間は心地よい静けさがあって、訪れるといつまでも留まっていたくなる。

この時代は、すでに新しい材料と技術の使用が始まった時ですから、そこにもゴシック・リヴァイヴァルの精神が働いて、面白い、というよりは大胆で先鋭的な作品も生まれている。ジョン・ラスキンという十九世紀精神の巨人は、宗教・社会運動から美術批評までを幅広くこなし、明治の日本にも大きい影響を及ぼした人ですが、建築の設計にもかかわった。オックスフォード大学の自然史博物館の建物はそのひとつです。あるいは、もっと大胆に、鉄とガラスで光を包みこむ建物、光が満たす空間をつくり出しているのは、ロンドンの王立植物園、キューガーデンにある温室です【図⓰】。今日の目でみても驚くべき、かつ純粋な光の空間が生み出されている。

こうした流れに連なっている現代建築の巨匠は、フランク・ロイド・ライトでしょう。光について

[図⑮]トリニティ教会、天井、
ボストン

[図⑭]オール・セインツ教会、内部、
ロンドン

[図⑯]キューガーデン、温室、ロンドン

述べている彼の言葉を読んでも、それは先に述べたル・コルビュジエと対比的です。

「影は、古くさい建築家の筆の遊びにすぎない。今や現代人は、光そのもので行うのだ。拡散する光、反射する光、屈折する光——光そのもののために行うのだ。影は余計だ。」

面白い言い方ですね、明快で攻撃的ですね。影はいらない、などと強調しているのは、彼が目の敵にしたボザール流の光と影をていねいに描くドローイングのやり方をけなしているのです。

これまで、大きくゴシック的光をまとめて述べてきた光の理念は、先に描いた図を並べて示すなら、このようになりましょうか【右図】。

先のコルビュジエのロンシャン礼拝堂と比較するために、ライトの作品からひとつとり出すなら、フィラデルフィア郊外エルキンスパークにあるユダヤ教会を挙げたい【図⑰】。内部は光がかたまりと

[図⑰]エルキンスパークのシナゴーグ、F.L. ライトによるドローイング

[図⑱]ユダヤ教会の内部

なって満ち【図⑱】、そして外部は、まさに先の図のように光が放射する、光の量塊がイメージされています。

ライト以降で、もうひとつ、取り上げたい建物があります。イタリアの建築家、アンジェロ・マンジャロッティが、ミラノに設計したバランザーテの教会堂です【図⑲】。私にとっては、光のかたまりとしての空間という理念を代表する傑作です。半透明のパネルに包まれた直方体。この内部空間に入るには、まず床下に入って、そこから階段で、頭からこの光の中に入っていくことになる。サント・シャペルに入るときと同じです。すなわち、光の空間は四周、破られることなく包まれているわけです。中は、黄金の光のかたまり【図⑳】。この建築は実際は、ローコストで建てられたものので、四周のカーテンウォールのおさまりが悪く、雨水が侵入してパネルにサンドイッチされているグラスウールが汚したしみをつくっているのですが、これがなんとも言えない、予期せぬ効果を生んでいるわけです。見ても味わいがあり、透過する光も美しい。中でじっと動かずお祈りをしている老女の後ろで自分も静かに座っていると、ヨハネの黙示録に示された「天上のエルサレム」とはこのようなものか、という気分になってくる。あるいはさらに、仏教の描き出す浄土、悉皆金剛、無量寿光もかくあらんか、と思えたりして、こうなるとここから日本建築における光の内部につながってくるわけです。

たとえば、この写真の空間【図㉑】のように、淡い光を透過する紙障子に囲まれた空間。日本人なら誰であっても、さまざまなとき、いろいろな場面で、なじみの空間でしょう。私にとっては、少年時代を過ごした越後の古い家の座敷から、青年時代の一時期、まるで住み込みの若僧のように暮らしたこともあった禅寺の一室。そこには、皆、このようにやさしく柔らかい光に満ちていた。その光に包まれている安心を忘れることはない。私の心と体の一部となっているといっていいか。こういう光のあり方は、これまで述べてきたゴシックの「満たす光」という理念に通じていると感じます。

しかし、まったく同じではない。違いもある。これを細かく観察し、ていねいに論じることは興味深いことです。時間のある別の機会にぜひゆっくりやってみたいことですが、そろそろ時間ですから、日本建築の光について、特に特徴的な点として、ふたつを挙げることで今日は終わりにしたいと思います。

ひとつは、下方から上方へと昇ってくる光です。これはなにも桂離宮の写真だけに限るものではない。田舎の農家の縁先であれ、町家の座敷の庭先であれ、私たちの育った空間に普通にあった光の姿です。通常、特に意識するものではないかもしれない。私も、空間における光という問題に気づいて、いろいろヨーロッパを放浪した後日本に帰ってから、はじめて意識するようになった。

[図⑲]バランザーテの教会

[図⑳]バランザーテの教会、内部

[㉑]日本建築の内部空間、
桂離宮、書院

[図㉒]高台寺、傘亭

部屋の中で、一番明るいのは縁先、そこから反射した光が上に行って、天井を照らしている。あるいは、庭先から照り返す光が、軒下に映って、それが、それに続く畳の表を明るくしている。この光の中ですね。子どものとき、寝そべって絵を描いたり、本を読んだり、昼寝をしたりしたのは。図にするとこうなります【下図】。

こういう理解に立って、軒下、天井、縁側を観察すると面白いですね。そういう光、すなわち下方から上方に昇ってくる光をどう効果的に扱うか。日本建築の長い歴史の中でいろいろな工夫が、なされていることに気付く【図㉒】。軒というもの、雨を防ぐためのものは、雨を防ぐだけではない。光を反射させる、反射板でもあるということです。天井もそうですが、その中での際立った例は、小堀遠州の孤篷庵でしょうか【図㉓】。庭先からの光を下方に限るように障子の下を開放し、そこから上に来る光が天井を照らしてい

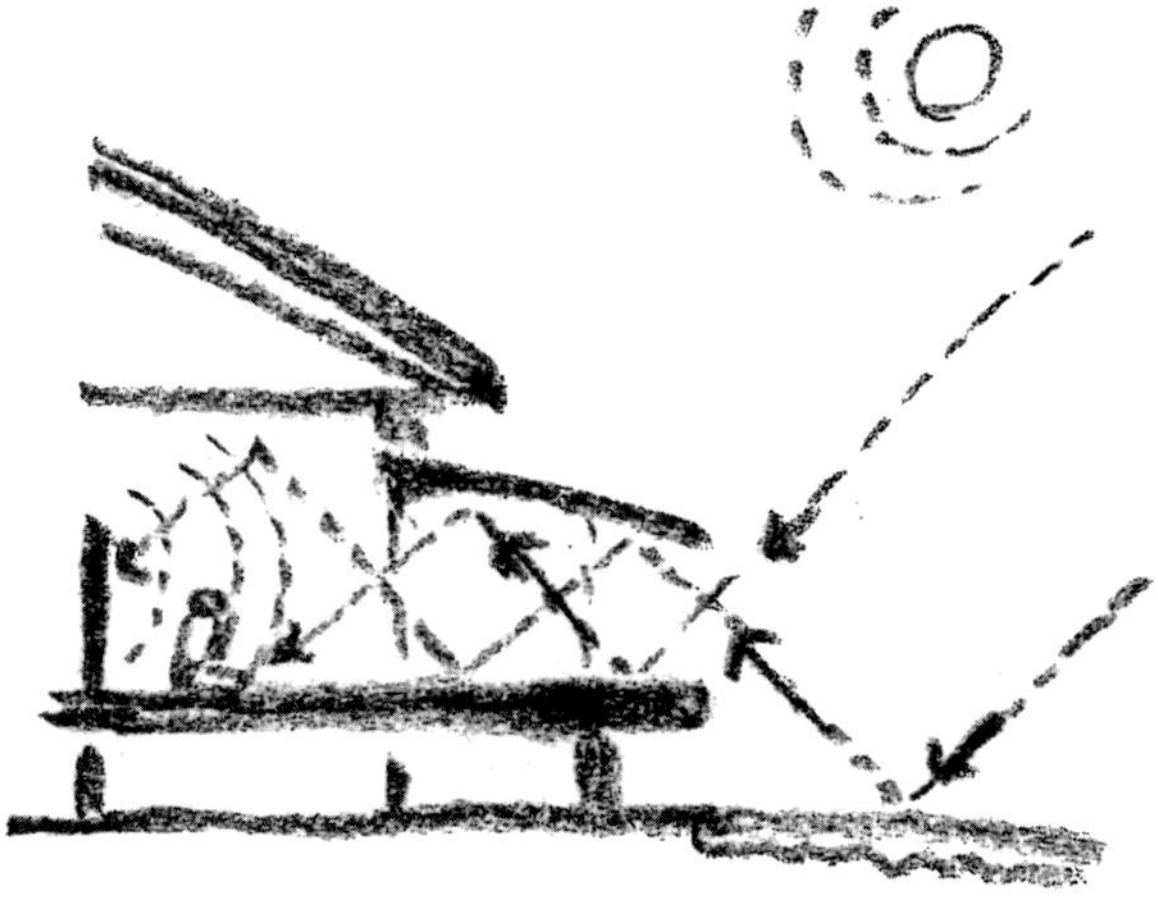

[図㉓]大徳寺、弧蓬庵・忘筌

[㉔]弧蓬庵・忘筌、天井

る効果を強調するために、天井板に白砂をすり込んでいる【図㉔】。ちょっとこりすぎ、という感じもありますけれどね。

こういう、光のあり方、上下に反射を繰り返しながら奥に入り込んでくる光が、日本の空間のもうひとつの特徴をつくり出します。こういう空間の特徴は、谷崎潤一郎が「陰翳礼讃」の中で見事に記しています。

「諸君はまたそう云う大きな建物の、奥の奥の部屋へ行くと、もう全く外の光が届かなくなった暗がりの中にある金襖や金屏風が、幾間を隔てた遠い遠い庭の明りの穂先を捉えて、ぼうっと夢のように照り返してるのを見たことはないか……。」

金襖、金屏風が出てくるのは、遊び人だった谷崎ゆえでしょうが、私たちにとっては、家の中でお仏壇が置かれているのは、大抵こういう奥だった。ありがたい場所でもあり、ちょっとこわい。叱られる時座らされるのは、こういう場所ということになっていた。今の子どもにしつけができていないのは、こういう空間がなくなったからと言うのなら、私たち建築家にも少し責任があるか。仏壇の例を出さなくても、古いお寺にお参りすれば、ありがたい仏様は、下からの光を受け

[図㉕]
東大寺、大仏

[図㉖]キリストと聖人像、
サン・マルコ聖堂、ヴェネチア

て座しておられる。仏像も、それを安置する建築も、そういう光のあり方の上で、つくられている【図㉕】。キリスト教の教会の彫像が、上からの光の中に置かれているのと、対比的です【図㉖】。

終わりに短く、私の建物を見ていただきましょう。これは聖学院大学の講堂兼礼拝堂です【図㉗】。ひとつの大きな天井が下からの光を受けていて、その下の二層の座席を包んでいます。キリスト教の母体となっている初期のユダヤ教の幕屋、これが後のゴシックに連なるわけですが、こういう輝く皮膜で空間を囲んでみようとしたものです【図㉘】。そのナルテックスと呼ばれる前室にガラスピースでつくった光る壁を立てました。ガラス作家の山本幸子さんの作です。こういう壁で、室の一面だけでなく、全面を囲ってみたいと、以前からねらっていたのですが、なかなかチャンスがない。十年ほど前に台湾の古く伝統ある神学校のチャペル設計の依頼を受けた時、いよいよチャンス到来と次のような計画案をつくった【図㉙】。私なりの「満たす光」の具体化です。しかし、資金難でいまだ実現していない。

これは、下方からの光のみを導き入れる開口部をつくってみた例です。新潟、関川村の「歴史資料館」の展示室、その休憩コーナーの開口です【図㉚】。落ち着いて、ひとやすみする空間としては、悪くないものになったと思っていますが、奥に光を導いていく、というものではないので、十分なものとは申せません。今回はこのあたりで、ワインにすることにいたしましょう。

[図㉘]聖学院大学、
礼拝堂、内部

[図㉗]聖学院大学、礼拝堂

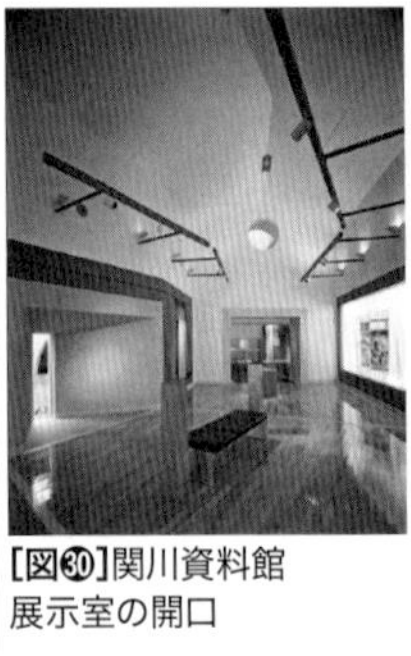

[図㉚]関川資料館
展示室の開口

[図㉙]台北神学校礼拝堂計画
(画·香山壽夫)

炉辺問答

――自然光のことばかり話されましたが、現代建築では、人工照明、人工光の扱いも大切なんではないですか。

もちろん、無視するわけにはいかないんですけれどね。私も、設計において、人工照明の扱いを、考えないわけではない。

しかし、やはり自然光の方が、面白いんですね。空間全体を自分でつくり上げるという手応えがある。人工照明は部分的な感じがする。だからといって面白くないわけでもない。いくつか照明器具をデザインして、それなりに手応えもあり楽しかった経験もある。

ローソク立てもやってみました。ローソクは人工光か自然光か、どちらなのかわかりませんが、このデザインも面白かった。

――建物のライトアップについてはどう思われますか。近ごろでは、ずいぶん大規模なものが、あちこちでみられますが……。

お祭りには、古い昔から、あかり、かがり火、照明はつきものでしたから、それはそれとしていいでしょう。しかし、年がら年中、建物を下から照らし上げているライトアップは、私は好きではない。むしろ気持ち悪いものだと思う。建築は、基本的に光の下にある。上から来る太陽の光を受けて立っているものだからです。子どものとき、「お化けー」と人を脅かすとき、顔を下から照らしたでしょう。あれですね。気持ち悪い。本来そうではないことをやることを、気持ち悪い、というのです。

そのついでにいわせていただければ、このごろはやりの、たくさんのイルミネーションで飾り立てる、光源を木の枝や、軒下などに張りめぐらすやり口、あれも私はいやだと思う。ある限られた催し、限られた期間だけやるのはいいとして近ごろは年中、あちこちでやっているのを見かける。これは止めにしてもらいたい。寒い冬、クリスマスの季節、樹にあかりを灯す、これはいいものです。寒い季節に、心が暖かくなる。これは結構なものですが、キリスト教のお祝いと無縁な人が商店街全体を飾り立て、あげくの果てに、夏の盛りまでやっている。季節感も、祝祭感もあったものではない。興ざめとはこういうことだと私はいつも思っています。

第六話

建築は人と人を結び、時と時をつなぐ

——保存と町並みの話

年が巡って、炉辺談話の集まりも、いよいよ最終回となりました。今日も、年度の終わりのお忙しい時節に、大勢お集まりいただき、誠にうれしいことです。今日は、結びの会ということで、私が話すだけでなく、できるだけ多くの方々にも加わっていただいて、さまざまな話が炉辺を飛び交う会にしたいと思っております。

という趣向で、始めに私が三十分ほど、いつものようにお話しいたしますが、その後の時間、座席を円座に並べかえまして、ご参会の皆さまといろいろ考えを交わす会にしたいと思っております。

建築の保存再生と町並み

古い建物をこわさないで保存してください、今ある町並みを変えないで守っていきたい。こういう話は、近頃、新聞やテレビでしばしば目にいたしますし、建築家として、いろいろな町での市民の集まりや、会合に出席しますと、必ず聞かされる意見です。私が、建築の道に入った一九七〇年代の高度経済成長期の、古いものはどんどんこわせ、そして何でも新しくしていこうと、誰もが叫んでいたころとは、大きな違いです。

この違いが生じたわけは、まず第一に、この高度成長の時代に都市・町並みの改造が続いた結果、気付いてみると、自分たちの住む町、暮らす空間が、何か落ち着かない、殺風景なものに変わっていたことに、多くの人が気付いたことにあるといえるでしょうが、このことをもう少し深く考えてみると、建築や都市というものは、単に便利効率のために消費される道具一般と同じではないことに行きつく。すなわち私たちの共同の生活の秩序をつくり上げているものであって、安直に取り換えては、社会の秩序が保たれない。従ってそれは簡単に変えてはいけない。変えねばならない時でも、ゆっくりと、慎重に行っていかねばならない。そういうことに、多くの人が気付いてきたということだと思います。いいかえますと、建築は、人と人を結ぶという共同性・社会性を持ち、時と時をつないでいく歴史性をになっているものだということでしょう。

しかし、一般論ではなく、個々の条件において、具体的に考え、判断を下すとなると、それは安易なことではない。

何でも残せば良い、というものではない。何でも残せるわけでもない。古けりゃ、何でも残せばいい、とはならない。建物は生きて使われるものです。それぞれの人の生活の中で、生きているものです。では何を残すべし、と言えるのか。

よく保存論争の際に、歴史学者、あるいは批評家を称する専門家が登場してきて、「歴史的価値」、「記念的価値」を主張したりしますが、この歴史性・記念性といったことを、専門外の人に向かってふり回しても、それだけでは説得力をもたない。私たち皆にとって、それが、どういう意味を持つものなのか、きちんと説明することは、簡単なことではない。まして、「イコモス」だか、「ドコモモ」だか、通常の人には意味をなさない団体が指定したものだからなんていってみても、無意味です。この延長上に「世界遺産」の指定を目指す、「文化財登録」を望むといった理由になると本来の建築・町並みの存在意義から離れて、誰のための何のための保存か、わけわからなくなってしまう。実際、こういう例に出会うことが、あまりにも多いのです。

そしてさらに続いて、「いかに残すか」という具体的な方法・手法も大切なのですが、これはまたさらに難しいさまざまな問題をかかえている。その基本的理由は、建築は常に使われながら生きているものだからです。用のなくなった骨董品のようにただ大切になで回したり眺めていればよいものとは違うからです。

建物とは、改めて考えてみると、補修だ、改修だ、改造だ、と大げさな場合でなくても、絶えずいろいろ手を入れ、修理されながら使われているものです。その理由は、ひとつには、材料には必ず劣化・老化があるからですが、もうひとつの理由は、使う人間自体が、いろいろに変化していくからです。子どもは大きくなり、老人は衰えていく。食事の仕方も変えれば、教育のやり方も、歌や踊りも新しくなっていく。建築は、それに応じて、常に変わっていく。新しい建物が竣工して間もなく電話がかかってきて、「ここを直したいのですけれど……」と言われることもよくあることでしょう。

歴史的大建築だって同じことです。法隆寺が、世界最古の木造建築だと言ったって、各時代にどれだけ大胆な改造、増築がなされて今に残っているのか、歴史を学んだ人なら良く知っていることです。シャルトルの大聖堂だって、ロマネスクの上に継いだり、こわしたり、近くでは一九六四年、カトリックのミサの形式が新しくなれば、内陣の大祭壇全体が新しくされた。下手なデザインだと私は憤慨しているのですけれどね。

建物は、そういう点で生き物と同じです。生きているものは、根本を保ちつつ、常に変化している。変化が止まれば死です。

従って「保存再生」は、建築の根本です。保存再生を繰り返しつつ、建物は使われ、保たれ、残っていくものです。大切にしつつ、丁寧に扱いつつ、それを行う。これは肝心なことでしょう。

ところが、時々、これを取り違えて、大切な建築だから、歴史的な記念物だから、いじるな！変えるな！手を加えるな！と言う人が出てくる。これは間違いです。こうなると建築は、骨董屋の茶碗か、掛け軸のようなものとしてしか、残っていかないことになる。すると、建物を使って、生かしながら大切にしていこうと思う人は納得できない。この対立、争いが、保存の問題が出るたびにおこっている。これが今日の一般的状況です。

しかし一方、ただ直せばいいというものではない。良い手の入れ方も、下手な手の入れ方も、さらには間違ったやり方もある。そのことは、具体的にていねいに論じられる必要があります。しかし、現状は、歴史家と称する人々は、「いじるな」派になり、批評家は具体的に判断する力と努力を欠いて、無関心か、あるいは「変わっていれば、面白い」というだけになっている。これを乗り越えていかないと、本当の保存再生の議論は育たない。

それを議論するひとつの材料として、私たちが手がけた「京都会館——ロームシアター」の例をお話しさせて下さい。

「京都会館」は、前川國男の設計で、一九六〇年に完成しました。一年後に続いて完成した東京都文化会館と並んで日本近代建築の傑作のひとつと言って間違いない建物です【図❶】。そう言える大きい特徴は、まずモダニズムの表現の内に日本の伝統的な意匠を取り入れた点でしょう。建物全体の頂部を囲む、反り返るような大庇。その下に水平に伸びる柱梁の構成。その全体を持ち上げる一階のピロティと水平バルコニー。モダニズムの言語、特に師であるコルビュジエのボキャブラリーに依拠しつつも、日本の建築の伝統を明らかに表現している。手すりのプレキャストコンクリート、壁の打ち込みタイルといった新しい技術的工夫の中にも、日本の伝統の新しい解釈と

[図❶]竣工当時の京都会館(1960)
撮影：多比良敏雄

いう意識が貫かれている。何度見直しても、感嘆する傑作です。

この建築のもうひとつの特質は、都市デザイン的な配慮です。京都の二条通りに面し、そして疎水に沿って立っていてその先に平安神宮、武徳館、美術館が続く岡崎という文化施設の集中する地区の入口の地点に位置している。この場所の特質の理解、そしてそれに対する建築的解釈の見事さはまた感嘆すべきものです。

二条通りに沿って西から東へ伸びる正面の、水平性の強調された構成とスケール。京都のまちの通りのスケールを保ちつつ、二条通りの動きを見事につくり出している。そしてこの正面の中央から、通りに直交した軸線が、人の流れを中庭に呼びこみ、さらにその北側の冷泉通りへとつないでいます。建物の二層目のバルコニーが中庭の三方をぐるりと囲んでいるスケールも誠に心地良い。京都会館と東京都文化会館は、文化ホールという使用目的も同じ。設計期間も一年ずれているだけで、ほとんど同じということで、多くの共通点があり、それゆえまたよく比較される作品ですが、この都市的空間構成において、断然、京都の方が勝っています。ただし、京都というすぐれた都市の都心にある京都会館に対し、東京は上野公園内にあるというハンディをカウントしなくては、とは思いますけれどね。

私個人にとってはこの建築は建築家への道へと導いてくれた恩人のようなものです。大学を卒業して、大学院に進んだものの、自分の進むべき道に自信が持てず、京都のお寺にこもっているような状態だったとき、ちょうど完成したこの建物を見て、力づけられ、心を決めることになった。そういう忘れ難い建物だからです。

ところが一方、この建築には、問題があった。出来上がったときからのものもあれば、時がたつとともに生まれてきたものもあった。竣工当時からの部分的な欠陥はいろいろあった。大庇が隅部で垂れ下がる構造の問題、あるいは打ち込みタイルが接着不完全で崩落するなどがあったのですが、まあ、それらは改良すればよい問題でした。大問題は、大ホールです。これは二千人収容の大きい多目的ホールでしたが、舞台が極端に狭い。両側の袖もなく、上部のフライもない。しかも一層目に楽屋を並べたので、舞台レベルは二層目に置かれ、舞台道具の搬入が不便なだけでなく、危険だった。その上、音響が悪い。これは誰の耳にも明らかで、前川さん自身、当時東大生産技術研究所の助手だった石井聖光先生に直接、改良方法を相談し、その検討結果は学会報告にもなっているほどなのですが、一向に直らない。しかしこの検討の努力によって、石井聖光先生は日本一の音響学者となった。

この大ホールの欠陥についての責任は、設計者だけにあるのではなく、そもそもの構想計画の不確かさにあった。当初は、会議場として計画され、設計が進んでいる途中で、コンサート・ホールに変更され、さらに演劇もできるようにと要望が変わった。設計は、この度重なる変更に、対応できなかったということです。しかしこの結果、一年遅れで設計が進んでいた上野の東京文化会館のホールはより良いものになったということもあったのです。

そしてまたこの建物には、共通ロビーがなかった。共通ロビーとは、切符をもぎってから入る各ホール専用ホワイエの前に、誰でも自由に入ったり待ったり、休んだりする空間のことで、この共通ロビーを用意することは、今日の設計においては常識ですが、当時はそうではなかった。日本も貧しく余裕はなかったのでしょうが、当時の日本人もまた丈夫で我慢強く、切符を買うのに、寒空で行列させられても文句を言う人などいなかったのです。ところが、そういうことでは、もはや満足されない時代になってきた。それは、我慢うんぬんの問題だけではない。今やこういう公共施設は、公演のない時でも、いつでも市民が訪れてくつろげるようなものであることが求められる時代になってきたのです。となると、なんとかしなくてはいけない。

さまざまな専門団体からの新ホールの建設要望書は、すでに一九八〇年代から出されるようになっていたのです。すなわち竣工後二十年ですでにこのホールは、専門家の公演には不適なものとみなされるようになっていた。そして、主には、学校演劇祭や学園祭、市民団体の催しものなどに使用されるような施設になっていたのです。そういう利用も、もちろん大切でしょう。しかし、

「京都会館」がそういうものだけであっていいのか。一流の公演も可能であってこそ、京都会館ではないのか、ということで京都市は二〇〇〇年代に入って、本格的な検討に入り、さまざまな調査、検討を重ねた上、二〇一〇年、保存・大改修の方針を決定したわけです。そして公表した。そこまでは、ごく自然な、当然の展開だったと思います。

しかし、そのことが、新聞紙上になるや、大騒ぎとなった。ここにひとつの不幸な出発点があった。新聞は、「岡崎の京都会館を取りこわして、新たにオペラ・ハウスを建設する」と報じたので、多くの人がびっくりして、それはならぬ、といきり立った。私自身も、はじめはそう思ったひとりでした。オペラ・ハウスなるものが、いかに巨大な建造物であるかを知っている人なら、それが京都会館の改修でつくり得るものではない、誰でもそう思ったでしょう。しかし、この記事は誤報でした。京都市の方針は、建物の保存再生のなかで、一流のオペラも上演できる劇場としたいということでありましたし、「オペラ・ハウス」というオペラを自ら制作し上演する劇場と、巡回してくる一流オペラを上演できる機能をもつ劇場とは、違うものです。専門知識を持つ人にとっては、常識です。

しかし、いったん、ころがり出した大岩は、なかなか止められない。市民運動となり、市政に反対する人たちの政治運動になり、それが、建築家、歴史家、批評家をまきこんだ、混沌としたものとなった。

社会運動は、いかなるたぐいのものであれ、そのスケールが大きくなると、そのスローガンは、極端なものになっていくものです。極端なものほど、単純でわかりやすいからです。身近にあった先の学生運動であれ、歴史上の大革命運動であれ、同じような例に満ちていますが、この場合は、「こわすな、いじるな」、「さわること自体がけしからん」、ということになっていきました。

ここが、建築にかかわる運動の難しいところであり、しっかり考えていかねばならぬ大切な点だと私は思います。

建築は、社会的な仕事です。多くの人のために、そして多くの人に支えられて、はじめて行える仕事ですから、そのやり方は、多くに理解される言葉で説明される必要があります。決して、ひとりよがりであってはならず、また専門家同士のみに通じる特殊用語であってもならない。

しかしまた一方で、建築は、きわめて複雑で、錯綜した専門知識・専門技術の世界でもある。そこにおいて、ひとつの判断に至るためには経験とともに集中した努力が必要だし、またそれを、たとえそれが周囲の大方の意見と違うものであっても、誠実に主張する勇気が必要である。専門家とは、往々にして、世の流行とは合わないものだからです。このふたつの、相対立するような、働きが求められるのが建築家という仕事だと私は思っております。

二〇一一年に、設計者として私が選ばれ、二〇一六年の一月に開館するまで、経験したこと、考えさせられたことはたくさんありますが、一般論はこのくらいにして、実際に行ったことを見ていただきましょう。

建築の根幹となっている意匠は可能な限りていねいに補修し保存すること。これは大前提です。二条通り側の立面【図❷】、大庇、構造骨組、水平に伸びるバルコニーは、汚れを落とし、傷んだ部所を直しただけです。しかし、中庭に面して、水平に巡っているバルコニーは、新しいガラスの壁でぐるりと包んで、内部空間化しています【図❸❹】。これによって、それまで不足していた、共通ロビー、誰でもいつでも入って滞留できる自由空間をつくり出しました。これまでは上にはいつも雨水がたまっており、下に落下していた所が、快適な、いつも人が集まっている場所になりました。前川建築の特徴であったプレキャストコンクリートの手すりも、雨風で傷み、崩壊しかかっていたものも、安全なものとなりました。私はこの新しいガラスの囲いを、「もこし(裳階)」と呼ぶことにしましたが、古い寺院建築などにも、一層目を保護するために、後の時代に、壁で包む手法と同じだからです。

まったく新しくした部分は、大ホールです。これは、既存部分は全面的に取りこわし、四周を取り囲む大庇は、同じ形で再建しましたが、内部空間には、古い部分は何も残っていません。

[図❷]改修後の京都会館(2016)、
二条通側立面
撮影：小川重雄

[図❸]改修前の京都会館(2012)
撮影：小川重雄

[図❹]改修後のロームシアター京都(2016)、
ガラスの壁でバルコニーを包み
内部化した　撮影：小川重雄

既存の建物外形は保たねばならない。客席数二千席という規模も減じてはいけない。その一方で、舞台は広げ、そして旧来の二層目から地上に下す。そしてもちろん音響も最善のものとする。そのためには、ホールの平面形・断面形いずれにおいても、まったく新しい工夫が必要だったのです【図❺❻】。

結果はこのように、上に向って四層に客席が積み上げられた、たて長の客席空間が誕生しました。一階席が水平に長く伸びる日本の従来の劇場とは違って、ヨーロッパの劇場に近い垂直性の強い空間になりましたが、これはこの新しいホールの新しい魅力となりました。しかしこの内部空間の色彩は、日本的な華やかさ、京都的な品格を生み出すべく、琳派の絵画の色調を工夫して用いています【図❼❽❾】。最上の客席層は、屋根階の上に出ることになりましたので、最上階のホワイエから、屋上テラスに出られるようになり、ここから東山の山並みが望める新名所が生まれました。また一層目においては、一階客席の奥の下方を、南北に通り抜けることのできる、共通ロビーの一部とすることが可能になりました。これで、南側の二条通りから中庭の通り、北側の冷泉通りへ抜ける自由通路が出来上がりました。ここに通り抜け空間をつくることは、前川さんが当初からイメージしていたものでしたから、喜んでいただけるのではないか、と勝手に私が想像しているところです。ここには、金属しっくい専門のぬり貫・谷口さんの手を借りながら、

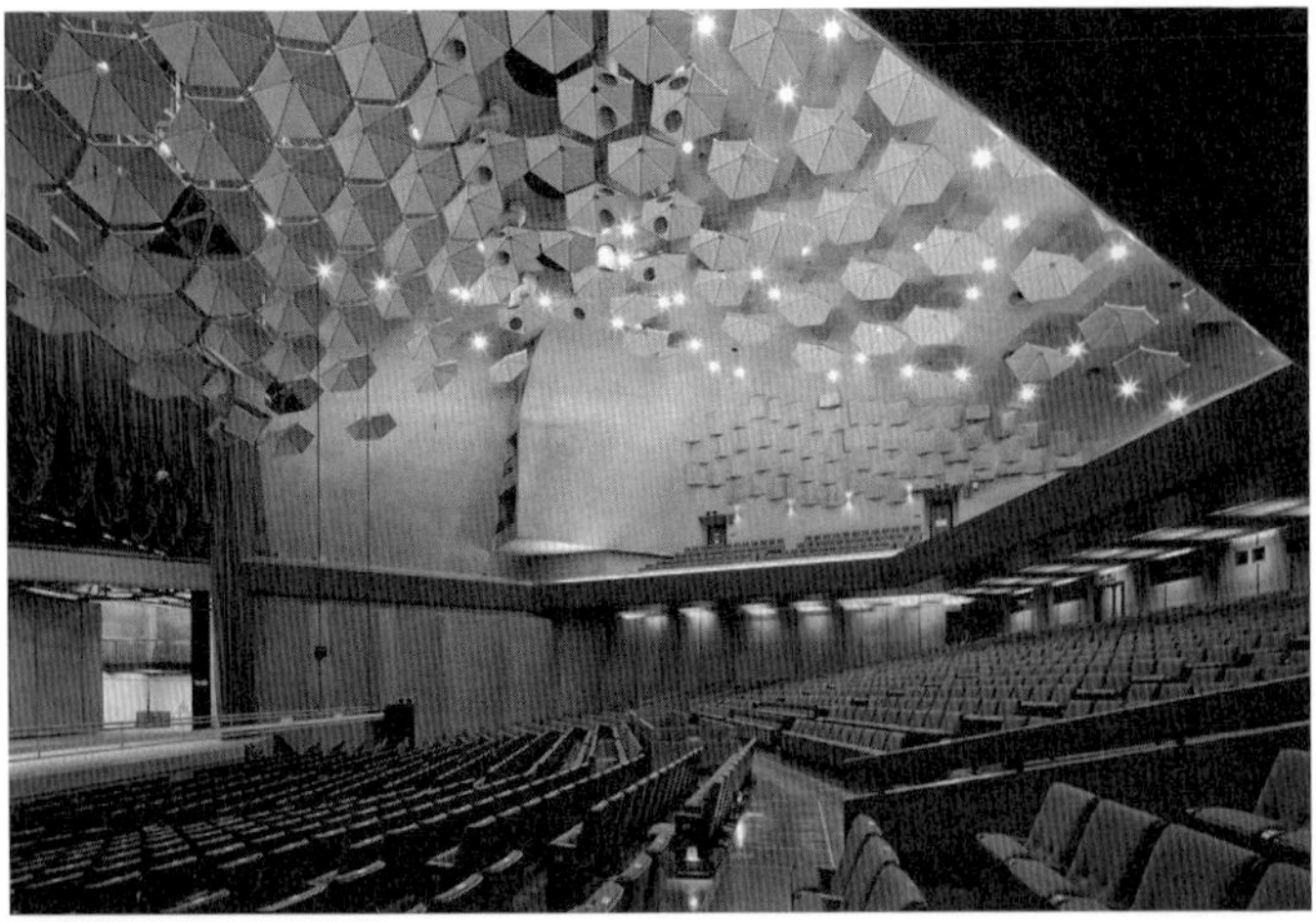

[図❺]改修前の京都会館、
第1ホール　撮影：小川重雄

[図❻]ロームシアター京都メインホール、
外形や客席数を変えずに、
音響や舞台の構造を改修
撮影：小川重雄

[図❼][図❽]琳派の絵画の色調を
採り入れたメインホール
撮影：小川重雄

[図❾]メインホールの
ドローイング（画・香山壽夫）

私が長い壁画を描きました【図⑩】。

二条通りに沿った南側の正面、ここもいつも人の姿のあるにぎやかなものとなりました。一階の旧事務室はブック・カフェとなり、その上階の旧会議場は、天井の高いレストランとなり、そこから伸びる旧会議室棟の廊下は、市民ラウンジとなって、毎朝場所取りのための行列ができるほどの人気の場所となっています。

中庭は、石段や仕上げを安全で自然なものに改良しただけですが、明るく広々とした空間となり、終日大勢の人が集まっています。とくに日曜・休日は、さまざまな催しもので、にぎやかな、活気ある都市小広場となりました【図⑪】。

建物を生かしつつ残すことは、忍耐と創造力の必要な大変な仕事でありますが、しかし、都市とは、また私たちの生きるまちの魅力とは、そうした仕事の地道な積み重ねで出来上がるものです。

この仕事は、苦しい難しい仕事でしたが、また同時に私たち建築家の仕事とは、完成した建築においてのみならず、それをつくり出していく過程においても、人と人を結び、時と時をつないでいくことにある、そのことを改めて深く教えられた仕事でもありました。

[図⑩]二条通から冷泉通へ抜ける自由通路
撮影：下川太一

[図⑪]中庭のにぎわいの様子
撮影：下川太一

炉辺問答　大団円

——司会（日高敏郎） いよいよ、この会も最終ということで、今日は、皆で大いに談論風発していただきたいと思います。これまでのお話に関することでも良し、そうでなくて、建築にかかわることなら、何でも良し、ということで、囲炉裏の火を円く囲んで、勿論囲炉裏の火は架空ですが、にぎやかに楽しくいきましょう。

ではその口火を切っていただく意味で、この企画の発案者であり、建築家協会の元会長でもある大宇根さん、まずお願いします。

大宇根弘司……香山先生のお話は建築を理解したり設計をする際に手掛かりとなる基本的な事柄で示唆に富んだ内容でしたが、しかし一方でお話の内容を実際の設計の現場で生かすのにはそれなりの資質と学習、訓練が必要だとも感じます。

お話のような内容は、日本の大学における建築教育の現場では、どのように教えられているのか、私の大学時代にはそのような授業はなかったと思いますが、建築家教育全般について欧米諸国と比べてどうでしょうか。

香山……私のお話しさせていただいたことは、大宇根さんが言われたとおりのこと、すなわち「建築の基本」を、改めて確かめてみたいということに過ぎない。そしてその基本の中の基本とは、建築は楽しい、面白い、まずそのことにあるので、そのあたり前のことを、具体的にとらえ直したい、そういうことに過ぎないのです。建築家、学生だけでなく、一般の人も、建築を面白いと思うようになることが、建築を良くし、都市を良くしていく基本だと思うからです。残念ながら日本ではそのようになっていない。文化の中に、建築は、然るべき位置を持てていない。芥川賞はニュースになっても、建築の賞は一般の話題にはならない。

大学においてもそうです。日本の教育では、建築は教養の根幹として扱われていない。エール大学に一年ほど滞在した時、ヴィンセント・スカリーの建築史の講義が六百人収容の大講義室を満員にしているのを見て驚いた。カレッジ、すなわち教養課程第一の人気講義ということですから、エール大学の輩出する政治家・実業家も皆聴いて教養として建築を知っているということです。学生が聴いているだけでなく、教授たちの奥さんがたも大勢聴いていましたから、さらにそれだけ広い人々に興味を持たれているということでしょう。

東大の建築学科でも、建築の理念の基本を論ずる講義として「建築意匠」の講義はかつてはあったのです。岸田日出刀先生が担当されていたが、私たちの学年を最後に退官され、それで科目も消えたから、大宇根さんたちのときは確かにもうなかったはずです。

しかし、その岸田先生の講義は、決して面白いものではなかった。休講が多く情熱が感じられなかったし、たまにあっても一回ごとの建築四方山話みたいなもので、論理も理念もなかった。そのうち出席するものもいなくなってしまう、そういう授業でした。

しかし、基本をしっかり教えない。修練させない。このことは考えてみると、日本の大学における一般的なことといっていいように思えます。その反面、特殊・専門・先端といったトピックにはとびつく。建築計画の講義で、病棟の看護ユニットの平面の話を聞けたところで、数年も経って、看護のシステム自体が変われば何の役にも立たず、あるいは構法の授業で最先端のプレハブのディテールを習ったところで、大学を出たときにはもう古くなっている。私が留学したころのペンシルバニア大学では、学部で、たとえば煉瓦の積み方の細部までしっかり教え、卒業設計では、矩計図から積算書まで付けさせていた。まあこれは昔の話で、今はそうではないかもしれませんが、しかし、全般的に見て、基本をトレーニングするという姿勢、たとえば文章の書き方、話し方についても、アメリカはしっかりしていて、日本にそれがない。そういう差は強く感じるところです。

大宇根……一級建築士制度は良い建築をつくるのに有効に機能しているか。そして昨今の建築界をにぎわしている建築状況、建築家のふるまいについてはどのようにお考えですか。

香山……国家の制度という複雑なシステムの一部としての建築士制度について、私がうんぬんする力はないんですが、あえて私の感ずるところを言うならば、新しく制定した法律・基準などを国中に広く行わしめる制度としては、有効に機能しているが、良い建築をつくる、あるいは良い建築家を育てていく、という目的に対してはまったく機能していないということじゃないでしょうか。基準法には違反してはいないが、醜悪な建物が国中にあふれていることが、それを示している。しかしこのことは、そもそも、良い建築をつくる良い建築家とは、どういう存在か、国家の制度で定められるものなのか、という問題にぶつかることになります。そういう意識を育てるのは職能団体であるＪＩＡなのか建築教育をする大学なのか、そもそも市民・教養教育において建築不在なのが問題なのか。

昨今の建築界をにぎわしている話題としては、新国立競技場の国際コンペ当選案の問題がありますね。ひどい案が選ばれたものだし、その当選案が廃案になるまでのごたごた騒ぎもあきれたものですが、一番情けないのは、あのようなまったく計画案として成立していない案を選んだのは、立派な建築家、建築学者、そして批評家たちがずらりと並んだ選考委員会だったということです。敷地の条件、建設コストの条件、構造形式、空間の合理性などといった基本が明示されていた設計条件をまったく満たしていない。そういう案を平然と選出し、問題が起こってからはただオリンピックに向けての「インパクト」があったから選んだと言い張る。こういうことを、「基本がなっていない」というのじゃないですか。

――続けて、同じく企画に加わったメンバーのおひとり、河野さん、いかがですか。

河野 進……今日、グローバライゼーションが進行する社会において、人々は改めて社会の連帯、人と人とのつながりの大事さに気付き始めている。「建築の目的とは、人と人を結び、時と時をつないでいくこと」という先生のおっしゃる言葉の意味が胸に迫る思いがします。企画側でお手伝いしたひとりとして、心から感謝いたします。しかし現実には、若者の建築離れが進んで大学や専門学校の建築を目指す受験者も設計事務所への志望者も減っているようです。建築家協会や建築士会などの会員も高齢化が進む一方で、若い会員の加入は頭打ちです。建築家の社会的な責任や倫理などを話し合う機会も減って、誰のために、何のために建築をつくるのかという、建築家の原点を問い直すといった議論も低調です。

香山先生が講演の中で語っておられたのは、建築の面白さと奥深さは当然のこととして、建築をつくることの難しさと社会的な責任の自覚、そして困難な仕事に真摯に勇気をもって取り組む覚悟が試されるということ。さらにその上で、そのことから得られる手応えといったことだと私は受け取りました。

香山……「仕事から与えられる手応え」。いい言葉ですね。まさにそこに私たちの仕事の核心があると私も思う。しかし、その仕事の手応えが、今日、なくなった。なくなったとは言えないかもしれないが、希薄になってきた。図面と自分の手で描くことは稀になった。コンピューターで描く。その図面も実はどこか海の向こう、シンガポールかマレーシアで描かれていたりする。施工も、近頃のプレハブ住宅の現場なんか、運んできた部材を組み立てて終わり。まるで子どものレゴの遊びみたいにあっけない。また出来上がった建物についての批評が、今日消えてしまいましたね。いや、なくなったわけではない。私たちが学生だった六〇年代に比べれば、建築についての新聞記事・テレビ番組は、圧倒的にふえたし、批評文を書きまくる歴史家も出れば、自伝を著す建築家も出てきた。しかし、河野さんのおっしゃる通り、「建築家の社会責任や倫理を問う姿勢」、「建築家の原点を問い直す議論」は消えてしまった。まったくその通りです。すなわち、盛んに言葉は発せられていても、実体から離れ、空虚な、手応えのない言葉のみが、虚しく飛び交っている状況になった。これでは若者が建築に魅力を見出せず、離れていくのは仕方ないのかもしれない。どうすればいいか。私には威勢のいい言葉を叫ぶ力はない。自分のできる基本、その原点からやるしかないと思っています。そう言うと、悲観的に響くか。でも私の気持ちはそうではないんです。それが楽しいことなのだ、率直にそういう気持ちなのです。

――議論が燃え上ってきましたが、企画幹事のなかからもうひとり稲垣さん、お願いできますか。

稲垣雅子……香山先生の「炉辺談話」は私にとって毎回が至福の時でした。深いお話をわかりやすく語っていただいて、今日の「保存と町並みの話」も、長く答えの出ないジレンマを抱えていた私に、整理の糸口を与えていただけたような気がします。

なぜ保存運動が起きるのか。それは、自分の拠り所が急激に失われていくことへの不安やアイデンティティー喪失への危機感からではないかと思います。都内で江戸時代のまち並みが残っているわけでもなく、戦争では焼け野原になりました。それではいつの時代を保存するのか？なぜ、その建物を保存したいのか？ひるがえって、今建築されている建物は将来、取り壊し反対運動が起きるのか？まち並みを形成する建物に、機能、経済、利便性といった要因とは別に、人間の心理や生物としての反応にどのような影響をもたらすのか、という視点が不足しているような気がします。建築教育において、心理学、生理学という要素も必要なのではないかと考える次第です。

香山……本当に、なんで、私たちの国は、建物や町並みを、粗末に扱うんでしょうか。この年になって、つくづく情けなくなります。確かに戦争で焼かれもしたし、地震でもこわれましたが、それ以上に徹底的に破壊したのは、私たち自身の手です。私が、戦後の七年間を過した新潟平野の北の町は、町並みも、そしてそれを囲む田や畑、山や川も、のどかで平和なものでした。今思えば、そののどかな姿は、日本全国の町や村のあたり前の姿だったわけですが、それは戦後になってから一斉に消えて今はもうない。こわれたのでも、こわされたのでもない。自分たちで、こわしたのです。

おっしゃる通り。建物は、利便、効率のためにのみあるものではない。人間が人間として存在する心のために、生き物として生きる身体のためにある。そこに基本がある。では、その基本とは何か。連続性です。突然植え替えられた植物が枯れるように、連続性のないところで人は生きられない。保存を求める声は、そうした連続性を求める心の底、体の芯からの叫びだと感じます。

しかし一方、人間は複雑な生き物でもあります。連続性を求めつつ、一方で、変化、逸脱もなくてはならない。というわけで、長い歴史の中で、人間は連続の中に不連続、すなわち日常の中に、非日常を組み込む方法を工夫した。お祭りや冠婚葬祭の儀礼といったものがそれです。お祭りは、その限られた期間が過ぎれば終わりで、飾り物も取り払われ、翌日から日常がもどってくる。ところが今は違ってきた。毎日をお祭りにし、都市全体を馬鹿騒ぎの場にし、それが常に更新されねばならないと考える。芸術とはそういうものだという観念が一般化したのが現代です。批評家も、そういうものだけを芸術としてもてはやすのが今日です。日常を連続させる芸術もあったはずです。特に、建築とはそういう芸術・技術だったんではないでしょうか。そのことを、もう一度あらためて考える時が来ているように、私は思います。そのために心理学・生理学が役立つかどうか私にはわかりませんが、少なくとも稲垣さんの言葉をお借りすれば、人間の心や生物としての基本から考える必要があると私も思います。

——いよいよ囲炉裏の火が勢いよくなってきましたね。ここから先、どなたからでも自由に御発言下さい。

竹内裕二……毎回、先生のご講演を聴き、なぜか、いつもほっと安心してしまうのです。それは私だけが感じていることではないと思うのですが……。

私は数年前に「時代の空間に引き込まれた建築家を主人公にした小説」を書いたことがあるんです。図々しくも、ある賞に応募し落選しました。悔し紛れに百冊自費出版し、それを読んだ知り合い、友人たちから多くの辛口のコメントをもらい、意気消沈していた時に、幸運にも先生と居酒屋で一杯やる機会があり、酔った勢いで、ついこの本のことを口走ってしまいました。そこで「それはぜひ読んでみたいね」という話になり、後に「面白かったよ」と暖かいお手紙をいただきました。それは賞をもらう以上に感激し、うれしかったのです。本当にわかってもらえたと思ったからです。

その本はイタリアの山岳都市を舞台にした話だったのですが、先生はタイムスリップするように時代に入り込むようなことがありませんかとまた性懲りもなくおたずねしたい。実際にイタリアの山岳地方を歩いている時だけでなく、『フォルマ　ウルビス　ロマーエ』という十六世紀ローマ市街の平面図集、ひとつひとつの建築物の平面図が詳細かつ見事に描き込まれている図集ですが、こうした地図を見ている時、その時代にワープしてまちの人たちと話し、生活をともにしているような気がします。先生にはそんなことはありませんか。

香山……ありますよ、あります。確かに、建物を夢中になって見ている時は、そういう状態になっている。「なるほど、なるほど」、とか「しかしこういうやり方もあるんじゃない」、とか、心の中でつぶやいている。一人言というか、おっしゃるように対話というべきものかもしれない。ただし、幻の芥川賞作家竹内さんのように、その家の美しき女主人と仲良くなって、甘美なる一夜を過す(!!)というところまでいったことはなかった。私には、まだ修業が足りない!

しかし、何度かスライドを見ていただいた、南フランスのシトー会修道院、ル・トロネを訪ねた時、その時はまだ廃墟のように荒れた林の中に放置されたままの状態で、私はただひとり心ゆくまで見て回って一日を過したのですが、日が暮れてきた時、シトーの修道士たちが休む前に毎日必ず歌う歌、「サルベ・レジナ」が響いてくるような気がした。いや、確かに聴いた、聴こえてきたと思う。今でもそう思っているのですが幻聴だったか……。

あるいはまた、アメリカ西部のゴースト・タウン。一攫千金を夢見て殺到した男たちが一夜にして建設し、また一夜にして捨て去った廃墟の町。専門の職人の手など、もちろんなく、あらくれ男たちが、乱暴に、一気に建てただけに、その手の跡、汗の跡が生々しく残っているような建物です。その崩れかかったポーチに座って風に吹かれていると、「おい、お前、どこから来た」と声がかけられそうな気がする。こういう経験は、たくさんあります。思い返しているだけで、楽しいですね。

建築には、確かにこういう力がある。それをつくった人、その中で生きた人の声が、時を超えて伝わってくる。これは、さきほどの稲垣さんとの問答ともつながる話ですが、こういう建築の力を大切にしていきたいものですね。

竹内……まちを歩いている時も昔の建築物の設計者に「ここはどうしてこのように設計したのですか」と問いかけると、今は亡き設計者の声が聞こえてきて、対話がはずんだりする。そのようなことがあったりしませんか。

香山……それもあります、大いにあります。しかしながら、そういう建物、すなわち、こちらに語りかけてくるような建物、あるいはこちらから声をかけたくなるような建物に出会えることは、このごろそう多くはない。なぜですかね。近頃の人間と同じように、無表情で取り付くしまがないか、と思うとやたらに大声でしゃべりまくるか、そういうたぐいが多くなったということですかね。人間でも、そういう連中とは、やりにくいですからね。

しかしまた、考えてみると、建物の保存再生に取り組んでいるときは、元の設計者との対話そのものですね。話が楽しくはずむだけでなく、時に怒られたりしないかとびくびくしたり。東大本郷キャンパスの建物のときは、内田祥三大先生。一度ちらっとお姿を拝見しただけだけれど、あの恐ろしかった岸田日出刀先生が直立不動になったほどでしたから、よほどこわい先生だったのではないか。常に「これでいいでしょうか。これはダメでしょうか」とびくびくしながら設計していた。京都会館の保存再生設計のときは、それこそ問題が多岐にわたり、複雑だったから、文字通り対話の連続だったと言っていい。大変でもあったけど、楽しい対話でもありました。時には、「前川先生、ここ失敗しましたね」、とか「あ、ここは、うまくいかないので途中で投げ出したんじゃないですか」、とか言ったりもしながらね。

――興味深いお話ですね。その対話の中から光が見えてくることもあるのでしょうね。

さて、横河さんにお聞きしたいのですが、香山先生とのかかわりの中で特に印象に残っていることなどありましたら、お聞かせいただけますか。

横河健……先生は優しい。教養がある。建築史、古くはギリシア・ローマから近代現代の激動、そしてご自身の仕事へと、いとも簡単(そうに)つなげつつ、しかも難しい言葉を避けながら、語り続けられる。

私が先生の講義を初めて聞いたのは、東大を退官される時の最終講義でした。その最終講義を聞いた私はたまげた。なぜなら長年(といっても当時私は五十歳くらい)、まともに建築教育を受けて来なかった自分が一人で読み、調べ、実際の建築に触れて発見してきた(と思っていた)事柄をなんと、いとも簡単に実例のスライドを見せながら学生たちに紹介し続けておられていたからです。「もったいない……」。講義を聞いている学生を見ながら私はつぶやいたものでした。つまり、このような建築・ものづくりにとって大切な教え、建築が建築たるエッセンスをなぜに、いとも簡単にばらしてしまうのだろうか……?と思ったからです。しかし先生はそんなことには意に介さず、建築の正論を講義しておられていた。僕は後になって少し自分が恥ずかしくなったものでした。

香山先生はいつも建築の正論に向かう。私も建築の実作においては質実なものでありたい。つまり建築は時代を背負うものではあるけれど、故意に異形のものをつくるのではなく、優れた建築にはそこに必然があると思っている。私たちが建築から感動を受けるのは、空間を感じ、社会とともにある必然を知る(感じる)からで、それは時代を超えても変わらない。

今回の連続講義にも同じことを思うのです。先生の言う、生きている建築とは……、時代の変化、建築の物理的変化のみならず人々の営む社会的変化とともに使い続ける、なおし続ける必然が求められるということでしょう。エジプト、ギリシア、ローマと変遷を重ねて近代から私たちのいる現代は大きな流れの中のほんの一瞬でしかない。その一瞬を同じ時として先生と同時代に居られるという奇跡に感謝したい……。こういったことを香山先生からいただいた講義から思っています。

香山……横河さんがあの時五十歳だったということは、私は定年六十歳の時だったから、私より十歳若いんだ。私はこれまで、ほとんど同い年だと思っていた。横河さんは風格があるからね。僕の最終講義は何も大げさな企画はせず、宣伝もせず、ちょっと大きい教室でいつもの講義を行ったというだけだったのに、横河さんのような第一線の建築家が現れてびっくりした。そしてうれしかった。それ以来、時々会って話をしたり一緒に食事をしたり、互いに建物を見せあったりしてきました。気が合うのです。考えに共通するところがあるんですね。もちろん違うところはある。いっぱいある。それでいながら、その違いの下に、共通な考え方がある。それはどういうことなのか。そのことがまた人間というものの面白いところであり、そういう人に会えるということは幸せなことだと思うんです。
　横河さんは、私の言葉が、難解ではなく、わかりやすいと言って下さる。私も、平明に語りたいと長く心がけてきたので、そう言って下さるとうれしい。うれしいが、長く教師をやって来て、いかに自分なりに一生懸命やっても、わかってくれない人はわかってもらえないこともよくわかっている。わかってくれる人は横河さんが今言ったように、半分も言わないうちに、ぱっと受け入れてくれる。僕が話したかどうか忘れたような言葉を、大切なものと受けとめて、遠く北海道の故郷にもどって、しっかりした仕事をしている者もいたりする。その反対も、沢山あるんです。ていねいに時間をとって指導したり、さらには長年近くで仕事しても、まったく僕の考えが届いていないと情けなく思う場合もある。そこで思うのは、わかる、ということは、理解しあえるということは、もともと、同じものが互いの心の内にあるということで、話し方がどうこうということじゃない。悪い話し方よりは、良い方がいいだろうが、まあその程度のことです。だから、私も、横河さんをはじめとするさまざまな共感できる人々と、一緒の時を生きていることに感謝しているんです。

椎名英三……香山先生、素晴らしいお話をありがとうございました。私たち建築家にとって、建築の根源的なるものへの問いかけは、不断の営みであると思います。すなわち建築の本質とは何か、建築を建築たらしめているものとは何か、建築の目的とは何かということですが、先生のこの連続講義は、そのような問いへの答えだと私には感じられました。

講義の始めのころに発せられた「建築は半分、あたり前の世界に属している」という言葉は、読み替えれば「建築は半分あたり前でない世界に属している」ということであり、ほとんどの建築家は表現者として、あたり前でない「半分」をめざしているように思えます。そして、その半分が何であるかによってその建築家の資質が問われることになる。私にとってその半分の大いなるものとして、「美」があります。先生にとって「美」とは何か、お聞かせいただけないでしょうか。

香山……椎名さんらしい言葉ですね。「建築は半分当たり前でない世界に属している」――ですか。設計に人並みはずれた心をこめ、美しい作品をつくり上げる椎名さんらしい。そう言えば、これまで拝見した椎名さん設計の建物の中で忘れられないもののひとつに、ある住宅のトイレがある。トイレット・ペーパーの懸け金物に独自の工夫をこらした結果、トイレの小さい空間そのものがあたり前でないものになっていて感心した。トイレは、どこにでもあるあたり前の空間だが、雪隠文学、雪隠哲学という言葉があるように、詩や歌を生み、思索する場所でもある。私も、東大の数学科の建物を設計した時、トイレの壁の仕上を黒板にして、思いついた数式をすぐ書きつけられるようにしたことがあった。

しかし「あたり前半分」という言葉は僕の言葉ではないと思う。「建築は日常の世界に生きる芸術です。美術館の展示室、劇場の舞台の上だけで成立するものではありません。」とは繰り返し言ったと思いますが、「日常」と「当たり前」とは同じではない。そこは、とても肝心なところだと僕は思います。日常の生活、平凡な毎日は、単調に繰り替えされているようですが、真剣に、全力で生きている人にとっては、一日一日が特別でしょう。しかし惰性だけで、怠惰に暮らしている人は、退屈から逃れようとしてたとえ世界周遊の豪華客船に乗ったところで、三日で飽きてしまうのです。

「あたり前の世界」と「あたり前でない世界」のふたつがあるのではない。あたり前のなかに、まったく新しいものが光っていたり、反対にあたり前でないことをねらったつもりのものが、実は、まったく凡庸なものだったりもする。あたり前のことをただあたり前にやり過ごすか、あたり前のことからあたり前でないことを見出し引き出すか。この違いがあるのじゃないですか。そこが肝心な点だと僕は思っています。

建築に窓を付けるのは、あたり前です。必要な大きさの既製品の窓を、必要な数だけ付けて出来上がりにしてもいいでしょう。しかし、その場所に応じて、光・風・見える風景に心をこめれば、あたり前ではない、美しい家になるでしょう。しかしさらにまた、あたり前でないことのみを望んで、三角や何角かの窓を雑多に配置した建物は、あたり前ではなくなり目立つかもしれませんが、何も心に響いてくるものがない、すなわち美しいものにはならないのです。

「美」とは何か、というおたずねですが、私は言葉で答え得ない。その答えを言葉で追い求めても、空しいものだと私はいつしか思うようになりました。「美」は確かにある。時に私たちの前に現われ、示される。しかし言葉で説明することはできない。ただそれを願いつつ、永遠に努力する目標としてのみあるものだと私は思っています。

青島裕之……香山先生のレクチャーを毎回拝聴し感じたのは、先生が話される言葉は詩的でありながらも、明快で美しく構成されており、それはまさに先生が設計される建築と重なるということです。先生の建築はその要素一つ一つが美しく、とりわけ端正な秩序が全体に流れている。常に具体的な生活の場のこととして語られ、社会全体のことへと広がっていきます。

香山先生、それは六〇年代のペンシルバニア大学の、伝統に深い敬意を払う教育により培われたものでしょうか。古典建築への深い造詣、キリスト教建築やアメリカ建築史など、先生の幅広い見識が具体的に建築になったとき、光と表情にあふれ、健康的で常に皆を引きつける作品として結実しているように感じるのです。

先生のご活躍を報じる記事や著作を拝見するたびに、先生の建築に真摯に向かい合われている姿、豊かな見識と暖かい言葉で人を包み込むお人柄に心動かされています。

香山……私の話した言葉、書いた文章、そしてつくった建築を、そのように受け取ってくれる人がいるということは、率直にうれしいことです。私がこれまでやってきたことは、はじめにも申しましたように、まったく特別なことでも、大したことでもない。建築は普通の人の、普通の生活のためにあるものだから、できるだけ普通の言葉でつくりたい。そう思ってやってきたわけです。そのことについては、何度か申したようにアメリカ、特にペンシルバニア大学において学んだことはまことに大きい。しかし、専門用語を介さずに平明に語ることはむしろ簡単なことではない。従って僕なりに、ただ一生懸命努力してきただけのことです。しかし、いくら一生懸命やったとしても、皆がわかってくれるわけではない。僕がどう言ったところで、難しい言葉で語りたがる人もおり、それをありがたがる人もいる。私もこの年になると、そういう人もいるのが世の中というものか、と思うようになりました。しかしそういう世の中だからこそ、わかりあえる人がいるということは、ありがたく、うれしいことです。ありがとう。

——この炉辺談話には、毎回、いろいろな方が、そして中には、遠く首都圏外からも来ていただいておりま

すが、山口さんもそのおひとりで、毎回新幹線で長野県佐久市から通って下さっています。山口さん一言お願いします。

山口康憲……私にとって、香山先生との出会いは、ひとつの僥倖です。東日本大震災の翌年、JIA長野地域会で第二〇回の記念講演会の講師として香山先生をお招きしたのが最初の出会いです。それは地方で建築に携わっている者として無力感にさいなまれていた私たちに、改めて建築をすることの意味をご教示いただきたいという思いからでした。

私は一九七〇年代中期に建築を学んだ世代のひとりですが、ライトとカーンへの憧憬から始まって、香山先生が翻訳されたヴィンセント・スカリーの『アメリカの建築とアーバニズム』に出会い、そしてさらにヴェンチューリの『建築の複合と対立』などを通して日本の建築に対する目も養わせていただいたような気がします。建築雑誌を通じて先生の作品には共感し拝見していましたが、一九九六年の『建築意匠講義』に深い感銘を受け、その後の著作も最新の著作の『人を動かす設計術』に至るまで、私にとっては建築に留まらず、社会のあり方や人として生きて行く上での道標であり続けています。また一方毎年六月に先生の山荘に大挙して押しかけ、草刈りにBBQ、最後に先生との対話の機会を設けさせていただいていることは、われわれの活力の源になっており、大変感謝している次第です。

香山……いや、僥倖を与えられたのは、僕こそです。おかげで良い仲間、楽しい友だちがたくさんできた。皆さんと会うたびに誠に楽しく話がはずむ。皆建築家でJIAの会員ですから、話題が建築になるのは当然ですが、そのほかにもさまざまに広がる。仕事だけでなく、皆さんの生活そのものが、多様なんですね。建築家として立派な仕事をなさりつつ、同時に田んぼや畑をつくったり、ワインの話、ジャズの話などなど、東京での集まりではこんなことはない。学会での研究会などの集まりが、たいていはわかりきった話題についての知識のひけらかしに終始したりしているのと大違いだ。東京での暮らしが精神的にいかに貧困かと気づかされるのです。BBQでは、取れたての野菜、秋なら信じられないほど立派な松茸が持ち込まれたり、自家製の果実酒が出されたりする。ただ遊んでいるだけではない。私にとっては習うことも多いんですね。たとえば木のこと。山口さんと、特にお父上には、山の製材所まで出かけていっていろいろ教えていただいた。その上、京都ロームシアターのロビーのメインの階段のためには、とっておきだった欅の厚板を使わせていただいたりもしました。地域で仕事をするのは、もちろん楽しいことだけではない。いろいろ大変なこともあるでしょうが、建築の仕事の奥深さをいつも感じさせられる。

長野地域会は、あちこちで災害が起こるたびにいちはやく救助活動をおこし、山口さんは、そのたびに陣頭にたってこられたと思いますが……。

山口……先生がご指摘の通り、私たちは数多くの災害支援を行ってきましたが、長野地域会が取り組んできたさまざまな地域貢献の活動は、宮本忠長先生に始まる長い伝統です。昨年の台風十九号の水害で長野県は甚大な被害を被りましたが、現在も長野市を中心に支援活動を行っています。

香山……建築家の仕事は、単に設計だけでない。地域の中核、共同体の支柱となるとはこういうことでもあるのだと教えられます。

――そろそろ時間、というか、もう大分予定の時間を過ぎましたので、終わりに、若い方から、もうひとりかふたり、いかがですか。

林 誠澤……大学における「建築意匠」という講義が香山先生との出会いでした。人を包む空間、共同体にもたらす秩序、それらを支える細部や素材のあり方など、先生が語られた言葉は、私自身にとっては汗とほこりにまみれた実際の建築活動をしていく中で、より一層の広がりと奥深さをもたらしてきてくれたように思います。私は、独立して間もなく、地域の人々からの基金によってある小さなコミュニティ（在日コリアンの人たち）のための学校を設計する機会を持ちました。学校建築は、教育の場であると同時に地域の中心でもあります。とりわけ在日の人たちにとって、世代を超えた大切な集いの場です。この仕事を通じて、私は人々が建築へ抱く希望や力を感じつつ、一方で縮小していく地域社会の中で建築がもつ可能性とはどのようなものか、苦しみ悩みました。

そんな縮小、過疎化が進む地方社会において、香山先生は、どんなことを大切にしながら、未来に向けて建築を描いてこられたのでしょうか。

香山……林君のやったその学校は、出来上がったときに私も見せてもらって感心もし、また今日の建築と社会について、いろいろ考えるヒントももらいました。建物を見て回っているだけで、まず楽しく面白かった。空間や細部も良く考えられているが、それだけでなく、放課後なのにいろいろな人が集まって楽しそうにしていることに驚いた。そして、この建物がそのように、皆の建物となっている理由は、まさに皆で力を合わせてつくり、そして建築家もその皆のひとりになっているところから生まれている。公共建築とは、まさにそういうものでなくてはならないし、建築が基本的に公共性をもつものであるからには、すべての建築がそういうものでなくてはならないはずでしょう。

私も、これまでいくつもの公共建築、学校をはじめとして、劇場、博物館、さらには市庁舎の設計にかかわってきましたが、その際には市民に対する説明会、さらに最近では、ワークショップと称して一緒に討論・作業をやる集まりがあります。市民といっても、年齢、職業、さまざまな人がいる。そういういろいろな人とともに仕事をするのは楽しいし、私も大好きなのですが、往々にしてその集まりは、それぞれの要求を一方的に主張する会になることがある。あれが欲しい、これが欲しい、もっと広く、大きくということになっていって、もっと予算を増やせ、というふうに進んでいく。こういう議論、取り組み方からは良い建物は生まれない。建物は、お上にねだってつくってもらうものであって、自分たちの力でつくっていくものではなくなっているからです。

しかし、もちろんいつもそうなっていっているわけではありません。それぞれの地域・地方・あるいは共同体で、地道に力を尽くしている人たちもいます。そういう人たちに出会うと、建築をやっていることの真の喜びが与えられます。グローバライゼーションなんていう概念は、経済第一主義から出たもので、それぞれの大地の上に立って、それぞれの人の生活を包む建築という存在とは関係ない。むしろ有害なもので、社会の単位が小さくなっていくことは、人間にとっても、文化にとっても基本的に健康なことだと僕は思っています。

片山惠仁……最後に、もうひとり、私にも発言させて下さい。香山先生が大学を卒業された年に世界デザイン会議があり、そして相模女子大を設計されて六十年。六十周年です。当時大学には丹下先生、吉武先生、生田先生などがおられ、戦後建築の賢哲時代。

その後、カーン、ヴェンチューリ、ラズダンらの下に行かれ、帰っては九州芸工大から東大、明治、放送大学とさまざまな場で教育を実践されました。特に放送大学においては、「市民教育としての建築教育」という難しい問題と取り組まれました。

往時の日本と英米の建築界の乖離はどのようなものと先生は受けとられたか。そして六十年、教育領域で先生が注力された部分はどこですか?

建築家として、教育者として、そして生涯学徒として思索行動されている先生からみて、「専門家に対する建築教育」、「市民社会に対する建築教育」の二つの観点で、今われわれがやるべき宿題があるとすれば、何でしょうか。

正直、われわれは、六十年前の諸先輩ほどうまく社会と対話できておらず、非常に悩み深いのです。

香山……六十年前の私たちが、社会とうまく対話できていたとは、とても思えないけれど、当時の学生も建築家も、建築によって社会に何ができるか、あるいは何をなさねばならないのか、その時なりに真剣に考え、そして議論しあっていたことは確かだと思う。製図室で学生たちは議論し、雑誌の中でも建築家・評論家が意見をたたかわせていた。皆熱中していた。そして今、その熱中は、確かにない。そのころと比べようもないほど、建築は繁栄し、建築家もテレビや雑誌に顔を出すが、その言葉は口あたりの良いコマーシャルのようなものになってしまった。確かに、君の悩みの深さは、僕のような老境に至った者にも理解できます。

アメリカに行って、日本の大学では片鱗すら見たこともない、素晴らしい講義・授業に出会ったことは、何度もお話ししたとおりです。大学での講義が素晴らしかっただけでない。ペンシルバニア大学の教授、イアン・マッカーグがテレビで「人間と環境」という連続講義を行っていて、大変な人気だったし、ロンドンに行ったら、ヴィクトリア・アンド・アルバート美術館で夜やっていた美術講座は、最高の建築様式講義のような見事なものでした。しかしそうした話を夢中になって聞きながら、僕は、日本での建築の議論が、あるいは建築家の書いたり話したりする言葉が、あまりにも観念的で、ひとりよがりで、仲間うちにしか通用しない狭いものであることに気付かされ、まずそこをなんとかしなくてはと痛感したのです。

僕が、少なくとも東大の教師である間、一番力を注いだのは、建築の基本、本質を整理し説明する「建築意匠論」の構築にあったこと。これももう改めて述べる必要はないでしょう。しかし、私が大学を去った後、それが根付いて育ったかどうか。私には何ともわからない。私がやっていた講義は、私が大学を離れるとともに消えてしまいましたが、しかし時を経て、少しずつあちこちで新しく同じような芽が育っている気配も感じられ、こういうことは、気長に構えなくてはいけないかとも思っているところです。

建築教育は、本質的に市民教育であり、市民教育の中核に建築教育が置かれなくてはいけない。これは、建築が市民すべての、日常の生活芸術であり社会芸術であることに根ざしているということです。市民に対しての生涯教育のひとつとして、放送大学で五年間建築意匠、そして都市デザインの講義を行えたことは、私にとって大きな機会でした。楽しい、同時に新たな挑戦ともいうべき仕事でしたが、全国あちこち見知らぬところで見知らぬ多くの人が視聴して下さり、沢山の反応があった。建築には、そのように人々を惹きつける力がある。そのことを確信したのです。この会にも、その時の聴講者の何人かが顔を出して下さっている。

華やかな、大見栄をきったような仕事ではなく、じきじきに、互いに接する中から育ってくるのが、建築ではないか。そういう点から考えると、六十年代のように大げさな都市改造、社会改造の提案に狂奔した時代よりはこれから、君たちの仕事こそが本当の勝負どころだと思っています。

◎炉辺問答・大団円　発言者

大宇根弘司(おおうね・ひろし)……一九四一年生まれ　大宇根建築設計事務所　二〇〇二―二〇〇四年日本建築家協会(JIA)会長

河野　進(こうの・すすむ)……一九四四年生まれ　河野進設計事務所　一九九九―二〇〇四年日本建築家協会(JIA)副会長

稲垣雅子(いながき・まさこ)……一九五六生まれ　Fallinglight

竹内裕二(たけうち・ゆうじ)……一九四三年生まれ　竹内裕二建築設計事務所

横河　健(よこがわ・けん)……一九四八年生まれ　横河設計工房　二〇〇四―二〇〇六年日本建築家協会(JIA)副会長

椎名英三(しいな・えいぞう)……一九四五年生まれ　椎名英三・祐子建築設計

青島裕之(あおしま・ひろゆき)……一九五六年生まれ　青島裕之建築設計室

山口康憲(やまぐち・やすのり)……一九五五年生まれ　アーバー建築事務所　二〇一三―二〇一六年日本建築家協会(JIA)長野地域会会長　二〇一八―二〇二一年日本建築家協会(JIA)理事

林　誠澤(りん・そんてく)……一九七六年生まれ　RIN建築設計事務所

片山惠仁(かたやま・よしまさ)……一九六九年生まれ　片山惠仁建築設計事務所

司会・日高敏郎(ひだか・としろう)……一九五二年生まれ　日高敏郎建築設計事務所

著者あとがき

この本は、表書きにもあるように、日本建築家協会・建築家会館における一年間、六回にわたる講演会の記録である。しかし、新しく一冊の本にまとめるにあたっては、語った内容に変わりはないものの、文章全体は、ほとんど新たに書き直したようなものでもある。

そもそもこの本の出発点は、二〇一五年に、雑誌「建築ジャーナル」誌に掲載された西川直子編集長の、私に対するインタビュー記事を、ＪＩＡ元会長の大宇根弘司氏が目にとめられたことに始まる。そこで私が語ったようなことを、「金曜の会」の新たな企画として、連続講演会の形でやってみたいということであった。それがこの「炉辺談話」の出発である。

というわけで、この本は、私ひとりが書いたというよりは、「金曜の会」の幹事をはじめとする多くの方々、そして、さらに毎回、熱心に参加して下さった沢山の方々との共著ともいうべきものかもしれない。それらの方々のお名前は、この本の別な個所に記されているはずなので、ここでは略させていただくが、そうした方々なくしては、この本は存在しない。心からありがたく思っている。

この本の主題である「建築は人の心の共同の喜び」ということは、私がこれまで、いろいろな形で論じてきたことであるが、それらすべても改めて考え直せば、この「あたりまえ」のことに尽きるとも言えるし、さらにこれまで書かれた無数の建築論も、畢竟このことに収斂するかもしれない。しかしその「あたりまえ」のことを、こういう形で、さまざまな方と、連続的に語り合えたことは、私にとってはこれまでにない、新しい見方、考え方を得る機会となった。そして、講演会の四年後に、改めて本にするにあたっては、再び「金曜の会」の方々のお世話になり、そして、西川直子さんの力をいただくことになった。そうしたすべてのことに対し、心から感謝申し上げたい。

二〇二〇年七月十五日
東京本郷のアトリエにて　香山壽夫

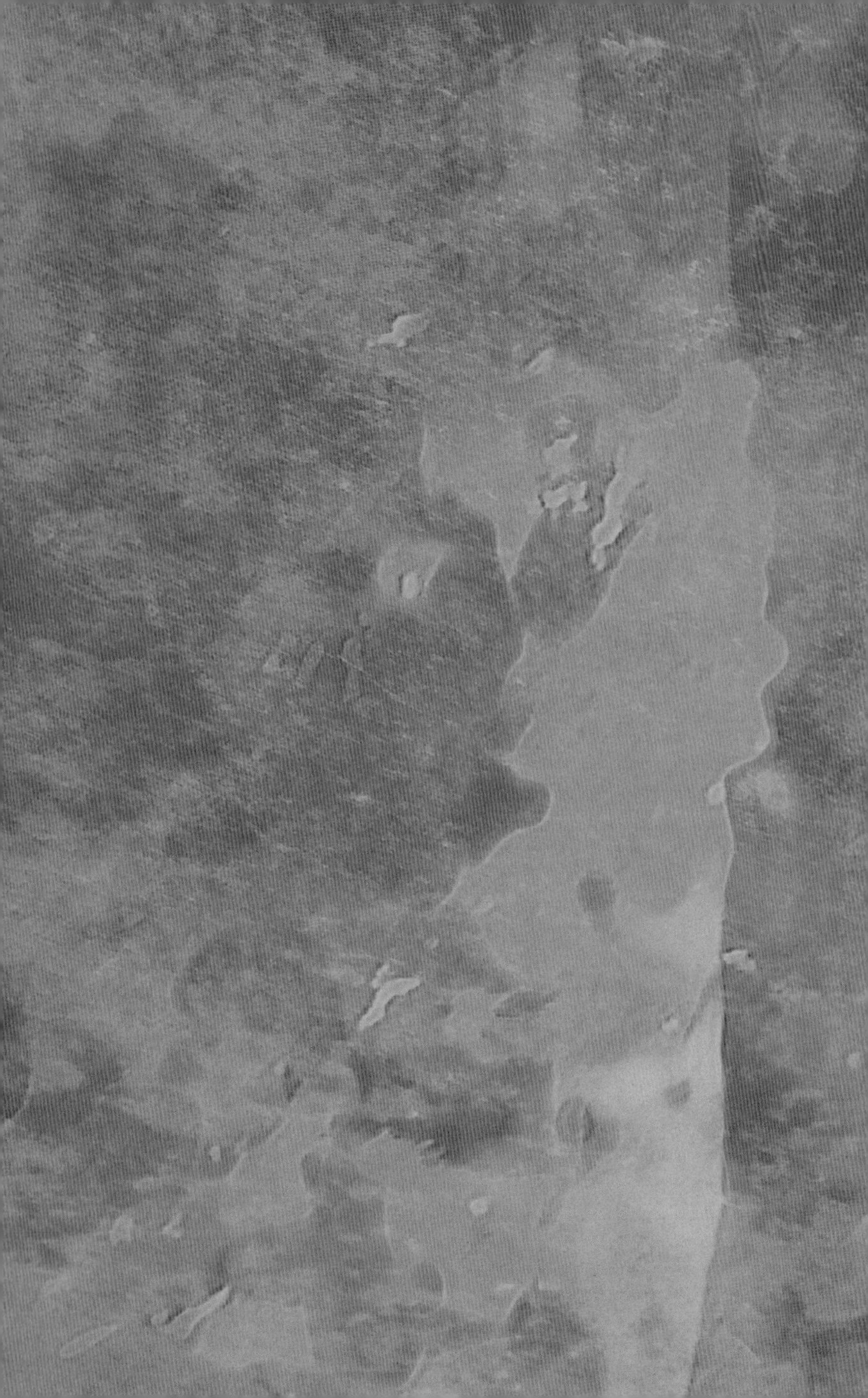

栞《しおり》

建築家会館と「金曜の会」

絵＝久保田恵子

刊行にあたって

受け継いでゆく、「処士横議の場」

「金曜の会」は、「建築家クラブ」の柱となるイベントを開催し運営することを目的にスタートした日本建築家協会(以下、ＪＩＡ)の部会です。建築家会館ＪＩＡ館一階にインテリアを一新して設置され、二〇〇九年に活動を開始しました。当時、新法人移行に向けてＪＩＡの組織再編を検討していた総務委員会と、会館のテナントスペースの有効活用を検討していたＪＩＡ会館活用委員会の目的が一致した結果誕生したのが「建築家クラブ」です。二棟の一階フロアを連結して使用できるようにすることが理想でしたが、建築制限の理由からそれは無理でした。

かつて、クラブ・バーと称していたバーと隣接した大ホールとは一体となっていて、碁や将棋をする同好の士の居場所であったし、金曜日の夕方、バーに立ち寄ると、日によってメンバーは違うものの、奥の方に前川國男さん、大江宏さん、大場則夫さん、芦原義信さん、イベントがあると吉村順三さんや村野藤吾さんなどが談話しており、学校を出てから間もない自分には近代建築史の教科書に登場していたお歴々が座っていて、ドキドキしながら入り口際のカウンターに座ったのを懐かしく思い出します。学生時代、客員教授として特別講義を受けた前川さんをはじめ坪井善勝さん、丹下健三さんなどといまだ駆出しの建築家であった私が会員としてお会いしお話ができたのは感激でした。こうした前川國男先生を中心として集まった有志建築家の先輩たちの尽力により出来上がった建築家会館の目的は、建築家協会に所属する建築家たちの活動拠点となる自前の場をつくることであり、「処士横議の場」の創出であったと聞いています。建築家協会とは別法人であっても今日まで協力し合うことができたのは、家主にあたる会館と店子にあたる建築家協会とが相身互いの関係であったからだと思います。旧建築家協会時代は、入会時には、いずれかの部会に所属し協会の活動に積極的に参加することを求められたし、会館の株式を購入するのが半ば会員の義務のように推薦者から薦められたものでした。会館誕生時の精神である「処士横議の場」は、その後も前川国男さんを中心として「金曜の集い」「建築横議の会」と名は変えながらも、宮脇壇さんや渡辺武信さんなどの若手建築家も参加してその心が受け継がれてきました。この系譜を後につなぐこと、この両者の関係が発足当時の熱い関係に戻ることを願いつつ、テナントスペースの見直しを機に、事務局のレイアウト変更、会議室の区割りの変更が総務委員会の検討提案に基づき行われましたが、これらと相まって学生作品の展示会場などに使われていたＪＩＡ会館のスペースを会館活用委員会での協議により、建築家と一般市民との交流の場を創造するために、基本レイアウトは大宇根さんと私が考え、剣持デザイン研究所の松本哲夫さんにデザインをお願いして、二〇〇八年に建築家クラブの空間が出来上がりました。同年十二月のオープニングパーティでは会館運営にご尽力いただいていた山形の建築家・本間利雄さんをお招きして記念講演を催し、建築家クラブは活動を開始しました。

金曜の会はその翌年二〇〇九年、ＪＩＡ会館活用委員会のワーキンググループとして結成され、「処士横議の場」をＪＩＡのＤＮＡとして受け継ぎ、さらに発展した形で、「建築」をキーワードに、ＪＩＡの会員のみならず、学生、一般の皆さまとともに、学び・楽しみ・語り合えるサロンとしての活動を行ってきました。

建築家連続講座をはじめ、著名な建築家や建築関連分野で活躍している職人やアーティストなどを講師にお招きする一方で、日本建築大賞などを受賞された建築家、地方で活躍されている建築家や若手の建築家たちの発表の場としても枠を広げてきました。毎回トーク終了後のミニパーティーでは、講師と参加者や、参加者同士で親睦を図る光景が広がっております。毎回参加をしてくださる方もおられ大変うれしく思います。また、書籍の出版に加えてインターネットによる動画の配信など、質の高い情報を提供できるようにしていきます。

最後になりますが、利用者の激減のため一時的に閉鎖されていたクラブ・バーも月例会という形で再開しています。金曜の会とともに車の両輪として、先達の精神を受け継いだ建築家の拠点として、有効に活用されるよう心より願っております。

小倉 浩

前川國男さん、大江宏さん、大場則夫さん、芦原義信さんらが
談話したクラブ・バー

金曜の会の開催記録

年	代表	タイトル ▼は本書収録企画	講師	分野 建築家は表記省略
2009	連 健夫	「私の集合住宅設計論」——住宅から都市デザインへ——	南條洋雄	
		レンガで建築をつくる	大宇根弘司	
		BCSの建築家と語る	北 典夫／芝山哲也／山口宏嗣／山木 茂	
		ARCASIA 議長・AIAフェロー選出お祝いの会	国広ジョージ	
		ナチュラルな、いんたーなしょなるへ	国広ジョージ	
		建築家と資本主義の倫理	齋藤孝彦	
2010		AAスクールの経験	連 健夫	
		JIAの未来を語ろう！	相田武文／芦原太郎／上浪 寛／庫川尚益	
		地方に生きる	松下重雄	
		能——伝統から現代へ、そして未来へ	青木涼子	能
		UIA東京大会千人茶会と英会話 ❖東海支部合同イベント		
		ラージファームの魅力と苦悩	細田雅春／田中孝典	
		「建築の方法について」覚書	佐々木 宏	

年	コーディネーター	テーマ	講師	分野
2011		❖住宅部会・デザイン部会共催 「建築家の自由」……鬼頭さんを語る夕べ	本郷正人／奥村珪一／河野 進／松隈 洋	記者（本郷）
		日本は今、大きな転換点にある	辻野晃一郎	実業家
		東日本大震災視察報告	河野 進／連 健夫	
2012	稲垣雅子	ドイツ流街づくりの薦め	水島 信	
		地方での建築設計の楽しみと苦悩	本間利雄	
		構造家から見た建築家	金箱温春	構造
		トルコの伝統建築に見る先達の知恵と技術	ギョリョン・アルン（トルコ）	構造
		神宮花火大会を楽しむ会		
		今日の日本社会で 望ましい地域再生のあり方とは	山崎 亮／柄沢祐輔（聞き手）	コミュニティデザイン
		消えた西洋館	増田彰久	写真
		大規模木造建築の構造デザイン	稲山正弘	構造
		四谷荒木町の歴史文化と街歩きの楽しみ	大野二郎	
2013		建築士、弁護士の資格のあり方を探る	山本想太郎／石津剛彦	弁護士（石津）
		Shaping forces ——構造デザイナーローラン・ネイの思考の結晶	ローラン・ネイ（ベルギー）	構造
		ヨーロッパにおける古民家再生 ——過去から未来へ／対話と継続	アルノー・ドゥメイエール／ニコ・シュタインメッツ（ルクセンブルク）	
		木材会館、ホキ美術館、 ソニーシティ大崎を通して考えたこと	山梨知彦	
		建築士、弁護士の資格のあり方を探る part2	相坂研介／神崎 哲	弁護士（神崎）

菊竹清訓を語る	遠藤勝勧	
建築家の畏敬・近代技術文明を問う	池田武邦	
神宮花火大会を楽しむ会		
師 大谷幸夫の思想に迫る	水野一郎／河野 進	
韓国の近現代建築事情、イタリアでの経験と自作を語る	ジン・ソン（韓国）／薩田英男	
建築家がまちに根差すとはどういうことか	山口洋一郎／柴原一郎／久保田恵子	
JIA新人賞受賞者「受賞作品と近作について」語る＆演奏会	保坂 猛／西田 司／久保寺敏郎❖チェロ	

2014

建築におけるステンドグラスの役割	志田政人	ステンドグラス
齋藤拓生弁護士に聞く 秘密保護法と建築	齋藤拓生／河野 進	弁護士（齋藤）
オリンピックを挟み、二〇五〇年に向けて東京を成熟した文化都市にするための方策を考える	中村 勉／上浪 寛	
始まりから、少し先のことまで。	原田真宏	
アート的視点の空間発想	郡 裕美	
20世紀の建築遺産 世界遺産リストへのル・コルビュジエの国際共同推薦をめぐって	山名善之	
劇場は進化するのか？	本杉省三	工学博士
神宮花火大会を楽しむ会		
地球のひかり 都市のあかり	東海林弘靖	照明
アルヴァー・アアルトの空間	水島 信	

日高敏郎

	——建物から建築へ——		
	スタンダードを疑うことから始める	東 利恵	
	クリスマス特別企画ジャズのゆうべ	中野幸代	歌手
2015			
	先端技術による伝統の創造	木内 修	
	不揃いの木を組む	小川三夫	宮大工
	外濠再生構想をめぐって ——建築と土木・都市計画	宇野 求	
	職人はいつから作業員と呼ばれるようになったのか	久住有生	左官
	連続講座 香山教授の建築炉辺談話 第①回	香山壽夫	
	JIA これから まちとけんちく	原田真宏／原田麻魚／永山祐子	
	連続講座 香山教授の建築炉辺談話 第②回	香山壽夫	
	神宮花火大会を楽しむ会		
	連続講座 香山教授の建築炉辺談話 第③回	香山壽夫	
	「聴竹居」ほか〃建築・愉しむ〃活動	松隈 章	
	連続講座 香山教授の建築炉辺談話 第④回	香山壽夫	
2016			
	方法としての家と店 ——三浦史朗と数奇屋の試み——	松岡正剛／三浦史郎	編集(松岡)
	連続講座 香山教授の建築炉辺談話 第⑤回	香山壽夫	
	「私の中のクロスロード」——4つの物語——	佐野吉彦	
	連続講座 香山教授の建築炉辺談話 第⑥回	香山壽夫	
	今、なぜ木造建築なのか	安藤直人	学者

……その可能性と課題を探る		
建築家 内藤廣の6回連続講座 第❶回	内藤 廣	
木造建築の進化 都市木造の未来	腰原幹雄	
建築家 内藤廣の6回連続講座 第❷回	内藤 廣	
神宮花火大会を楽しむ会		
建築家 内藤廣の6回連続講座 第❸回	内藤 廣	
凹凸地形が奏でる都市の魅力	皆川典久	
建築家 内藤廣の6回連続講座 第❹回	内藤 廣	
前川国男の現代における意味 ——没30周年を迎えて	青木 淳／松隈 洋／森まゆみ	建築史(松隈)、作家(森)

2017

建築家 内藤廣の6回連続講座 第❺回	内藤 廣	
なぜ「土佐派の家」は土着の知恵を基に考えるか	山本長水	
建築家 内藤廣の6回連続講座 第❻回	内藤 廣	
MINIMAL is MAXIMAL	小川晋一	
「ROKI Global Innovation Center –ROGIC–」を通して考えたこと、そして今考えていること	小堀哲夫	
建築家 槇文彦の3回連続講座 第❶回	槇 文彦	
先端の建築家教育について語る	北山 恒／堀越英嗣	
神宮花火大会を楽しむ会		
障がい児・者を「見守る」建築について考える	中島 究／髙木研作	
『建築家の広がり 無名の公共デザイン』出版を記念して	松本哲夫／大宇根弘司	

2018	今、あらためてのル・コルビュジエ	林 美沙	学芸員
	建築家 槇文彦の3回連続講座 第❷回	槇 文彦	
	父の残そうとしたもの	芦原太郎	
	出雲大社 平成の大遷宮	金久保仁	現場所長
	建築家 槇文彦の3回連続講座 第❸回	槇 文彦	
	建築家の向かう場所	北川原温	
久保田恵子			
	"WELCOMING THE WEST JAPAN'S GRAND RESORT HOTELS" Publication Book Talk Reflecting on a time of transition	Andrea P. Leers	
	建築家 伊東豊雄の6回連続講座 第❶回 アジアから発信する建築	伊東豊雄	
	若い感性で建築に息吹を与える	三井 嶺	
	「華宵」見学会	三井 嶺	
	建築家 伊東豊雄の6回連続講座 第❷回 アジアから発信する建築	伊東豊雄	
	建築家 伊東豊雄の6回連続講座 第❸回 アジアから発信する建築	伊東豊雄	
	日常にある民家再生	川上恵一	
	建築家 伊東豊雄の6回連続講座 第❹回 アジアから発信する建築	伊東豊雄	
	境界と対立、連続と調和	原田麻魚	
2019	発想の転換で生まれるアイディア 使い手にゆだねられるローテクで先進的なオフィスビル	羽鳥達也	

2020

追われ追われた進化	挟土秀平	左官
中心のある家	阿部 勤	
阿部勤邸（中心のある家）見学会	阿部 勤	
それぞれに居心地の良い場所を	大西麻貴	
創造と学びと空間	小堀哲夫	
テキスタイル・空間・建築	安東陽子	テキスタイル
ひとの居場所をつくる	山﨑健太郎	
いまリノベーションするための方法とは 建築を創ることと歴史を考えることとの関わり	常松祐介	学生
こころの臨場感 ――「しかけ」と「そざい」のにわ――	桝井淳介	庭園
建築家を支える技術者集団 アラップの活動	伊藤潤一郎	
宮脇檀の住環境設計	二瓶正史	

金曜の会

発起人……大宇根弘司　小倉 浩

代表……連 健夫　二〇〇九年度―
稲垣雅子　二〇一二年度―
日高敏郎　二〇一六年度―
久保田恵子　二〇一八年度―

◉**メンバー**（二〇二〇年七月 現在）
青木恵美子・新井今日子・稲垣雅子・井原正揮（副代表）・今井祐太郎・大宇根弘司・小倉 浩・桐原武志・久保田恵子（代表）・河野 進・佐藤誠司・武長龍二・長井淳一・日高敏郎（副代表）・渡辺 力

2015 年
香山教授の建築炉辺談話

金曜の会トークイベントチラシ
一部抜粋

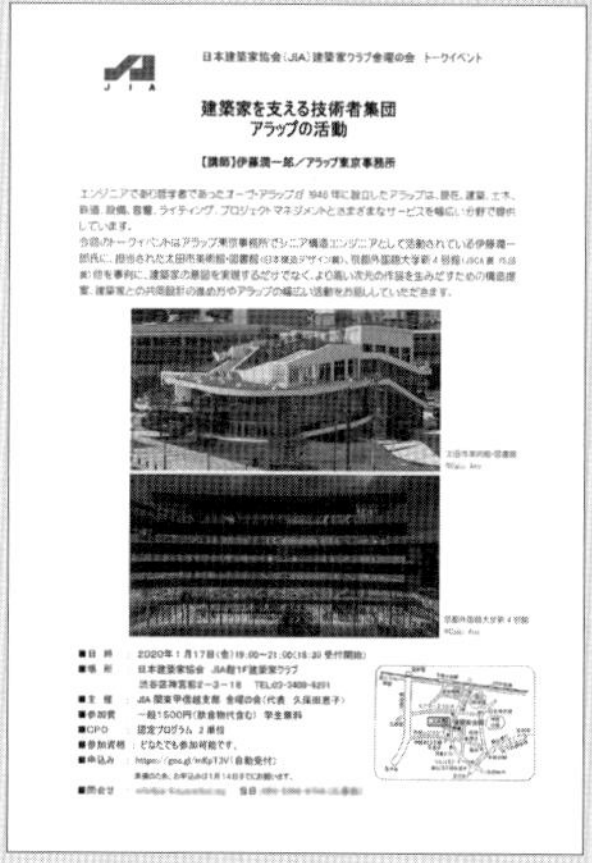

建築をキーワードに語り合うサロンとして

多彩なゲストをお招きしてのトークイベントを月1回金曜の夜に開催しています

建築見学会開催（講師：三井 嶺）

トークイベントでのひとこま

建築家クラブでの懇親会

神宮外苑花火観賞会

「中心のある家」（阿部勤邸）見学会

❖金曜の会	HP	https://www.jia-kanto.org/kinyonokai/
	Facebook	https://www.facebook.com/kinyonokai/
	動画配信	https://www.youtube.com/user/jiapr/

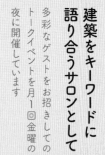

建築家会館——資料

資料から見る株式会社建築家会館のあゆみと会社概要

建築家会館のあゆみ

一．建築家会館の生い立ち

一九六一年、建築家の活動拠点である自前の会館建設を目指し、前川國男先生が中心となり、約百八十名の有志の建築家の出資により株式会社建築家会館が設立されました。

当時の建築家会館の構想は、単に建築家の活動の場にとどまらず、前川先生が提唱する「処士横議の場」、すなわち各界各分野の方々との交流の場としてのものでした。

一九六八年十二月、現会館本館が竣工、その後一九九六年七月に現ＪＩＡ館（一九七二年竣工の旧健保会館）を購入し、現在にいたっています。

株式会社建築家会館概要（二〇二〇年三月三十一日現在）

資本金……九千三百七十五万円

株主……二百十六名　持株会会員……九十一名

取締役……十二名　監査役……二名（役員は全てＪＩＡ会員）

二、主な事業内容

日本建築家協会（JIA）と建築家会館は車の両輪と言われることがありますが、当社は建築家の皆さまのお役にたてるよう次の事業を行っております。

❶保険代理店事業

・JIA会員の在籍する設計事務所の皆さまに対して建築家賠償責任保険（ケンバイ）の取扱いを行っております。万が一の事故の際、会員事務所の皆さまが社会的責任を果たすことに加え、会社の事業継続にも大きな役割を果たすのが建築家賠償責任保険（ケンバイ）です。

・毎年、JIAの各支部、地域会にてJIA業務委員会、保険ワーキンググループ（以下、WG）の主催で引受保険会社の損保ジャパンと連携して保険勉強会を開催し、ケンバイの内容についての理解を深めていただくよう取り組みを行っております。

・また保険業務との関連として建築の専門家と保険会社の協力により事故防止に役立つ「図解事故例集」を発行しております。近年では、❶漏水、❷設備、❸構造、❹意匠他と四冊を発行し、今後もJIA会員の皆さまに役立つ情報提供を継続して行っていきます。

・なお保険代理店手数料収入は、築後およそ五十年が経過した会館建物の保守・管理のために欠かせない収入源となっております。JIA建築家の皆さまの活動拠点である会館建物の保守、管理に加え、JIAの活動への協賛金として側面支援にも役立てておりますので、ぜひともJIAの建築家賠償責任保険へのご加入をお願いいたします。

・二〇一〇年より日本建築構造技術者協会（JSCA）の会員が代表者などを務める所属事務所に対しても構造設計賠償責任保険の取扱いを行っております。

❷不動産管理・建物賃貸業

・JIA建築家の皆さまの活動拠点であります建物の保守・管理は当社の重要な業務です。現在、当社は、本館、JIA館と二つの建物を所有し、JIAを始めとしてテナントへ賃貸しております。また、本館一階の大ホール、三階の大会議室、小会議室の貸し出しも行っております。

・建物はおよそ五十年経過しておりますので、日々の管理はもちろん、大規模な修繕なども計画的に行っており、皆さまへ安心で快適な環境を提供できるよう対応しております。

❸本の出版

・当社は、建築関係の書籍の出版も行っており、これまで建築家を取り上げた書籍の出版を行ってきました。

・一九九一年より一九九九年にかけ、『建築家会館叢書』として七名の建築家についての書籍を出版しました。その後、二〇〇八年より『建築家会館の本』として建築家がその人生を建築にささげ、建築文化の向上に寄与してきた事実を記録としてのこし、後世に伝えることを目指して十冊の本を出版してきました。

・二〇一九年からは、新たなシリーズとして『地域の建築家と建築』をスタートいたしました。地域を拠点として活動し、地域の建築文化の発展に寄与した建築家の活動の歴史を記録するとともに、その地域の建築作品を取り上げ伝えることを目的とし、初回は『名古屋圏の建築家と建築』を出版いたしました。

❹クラブ・バーの運営

・本館一階にありますクラブ・バーは、建築家をはじめ各分野の方々との交流の場「処士横議の場」として活用されてきました。

・会館設立より五十年以上が経過し、時代や環境の変化により会社設立当初のようなクラブ・バーの運営は困難となっております。近年は、毎月開催する月例会と称する懇親会を通じてその役割を果たす努力をしております。

今後、どのようにしてその役割を果たしていくことができるのか現在、試行錯誤しておりますので、皆さまのご意見、ご支援をいただければ幸いです。

四．皆さまへお伝えしたいこと

この先もＪＩＡ建築家の皆さんの活動拠点である会館を維持していくため、皆さまへお伝えしておきたいことがございます。

◉ＪＩＡ建築家賠償責任保険（ケンバイ）への加入

ご承知の通りＪＩＡ建築家賠償責任保険は、万が一の事故に備えて建築家が共同して危険を負担することにより建築設計事務所として安定した経営の基盤を築き、設計に専念するための制度です。一九七一年に日本建築家協会の要請を受けて当時の安田火災（現損保ジャパン）にて開発された保険です。現在もＪＩＡ業務委員会保険ＷＧを通じてＪＩＡ会員の意向を踏まえた商品内容の見直しが常に行われております。また保険金の支払いについても専門の建築家が関与しているまさに建築家のための保険です。

さらにＪＩＡ会員の皆さんには、図解事故例集の発行を行ない事故防止のための情報提供も行っております。

ＪＩＡ会員の皆さんが共同で危険を負担する制度ですので、ぜひともご加入をお願いいたします。

◉当社株式の保有

当社は建築家の活動の拠点としての会館設立を目的として前川國男先生を中心とした有志の建築家により設立された株式会社です。ＪＩＡが事務所を構え、建築家クラブがあるＪＩＡ館、大ホール・クラブ・バーのある本館を株式会社である当社が所有しておりますので、適切に保守・管理していくことは極めて重要です。

会社設立より五十年以上が経過し、株主も世代交代が進んできておりますので、新たな株主を確保することは会社の存続には不可欠となります。この機会に当社株式の保有のご検討をお願いいたします。

◉月例会へのご参加

当社設立の目的である「処士横議の場」、すなわち各界、各分野の方々との交流の場としての役割を果たしていくため、原則として毎月本館のクラブ・バーにて月例会を開催しております。

ＪＩＡ会員の皆さんはもちろんですが、お知り合いの方のご参加も歓迎です。当社ＨＰにも開催日を案内しておりますので、ぜひともお誘いあわせの上、お越し下さい。

建築家会館本館玄関

JIA館正面

保険パンフレット・事故例集

クラブ・バー

「建築家会館の本」シリーズ

❶

❷

❸

❹

❺

❻

❼

❽

❾

❿

新シリーズ
「地域の建築家と建築」

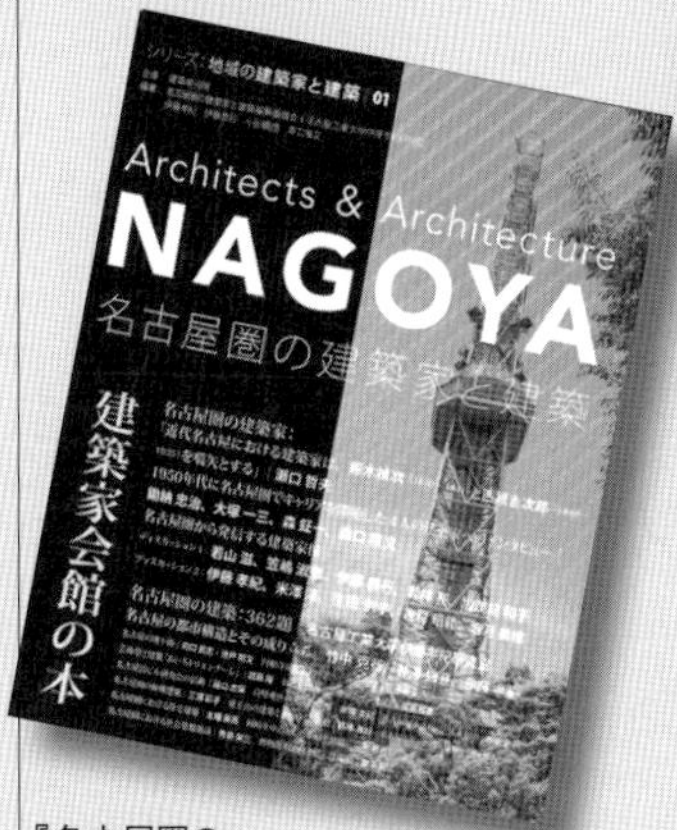

『名古屋圏の
建築家と建築』

建築家会館　事業年表

年	できごと	出版物の発行	建築界の動き
1956			日本建築設計監理協会が日本建築家協会へ改組・改名
1961	株式会社建築家会館創立		
1966	現在の建築家会館所在地の土地を購入		
1968	建築家会館本館竣工		
1971	建築家賠償責任保険認可 健保会館に土地を賃貸、健保会館着工		
1972	健保会館（現ＪＩＡ館）竣工		
1987			新日本建築家協会設立
1988	建築家賠償責任保険取扱い代理店の業務開始 会館小史（建築家会館落成20周年記念）発行		
1991		会館叢書1「太田和夫」	
1992	ＪＩＡ所得補償・傷害総合保険の取扱い開始	会館叢書2「松村正恒」	
1993		会館叢書3「浜口隆一」	
1994		会館叢書4「渡辺 力」	

年	建築家会館	出版	社会・協会
1995		会館叢書5「平山忠治」	阪神・淡路大震災
1996	健保会館（現ＪＩＡ館）取得 ＪＩＡ館全面改装工事（上層階2階撤去）	会館叢書6「高山英華」	日本建築家協会に名称変更
1998		会館叢書7「吉武泰水」	
2007	建築家会館持株会設立		
2008	建築家クラブ（ＪＩＡ館1階）完成	建築家会館の本1「鬼頭 梓」	
2009	ＪＩＡ館耐震診断実施	建築家会館の本2「大谷幸夫」	
2010	ＪＳＣＡ構造設計賠償責任保険取扱い開始	建築家会館の本3「上遠野徹」	
2011	建築家会館50周年史発行		東日本大震災 ＵＩＡ東京大会
2012		建築家会館の本4「本間利雄」 建築家会館の本5「椎名政夫」	
2013	ＪＩＡ館耐震補強工事実施（ダンパー設置）	建築家会館の本6「池田武邦」	日本建築家協会、公益社団法人に移行
2014		建築家会館の本7「内田祥哉」	
2015		建築家会館の本8「阪田誠造」	
2016		建築家会館の本9「山本長水」	
2017		建築家会館の本10「松本哲夫」	
2018			アルカジア東京大会
2019	ＪＩＡ館外壁大規模改修工事実施	地域の建築家と建築1 『名古屋圏の建築家と建築』	

株式会社建築家会館　歴代取締役・監査役員一覧

代表取締役	前川國男
年	1961 / 1962 / 1963 / 1964 / 1965
取締役	長野八三二
	永井賢城
	野崎謙三
	田中正蔵
	松田軍平
	吉原慎一郎
	丹羽英二
	佐野正一
	坂倉準三
	伊藤滋
	村野藤吾
監査役員	伊藤鉱一
	川口喜代枝
	中山克己

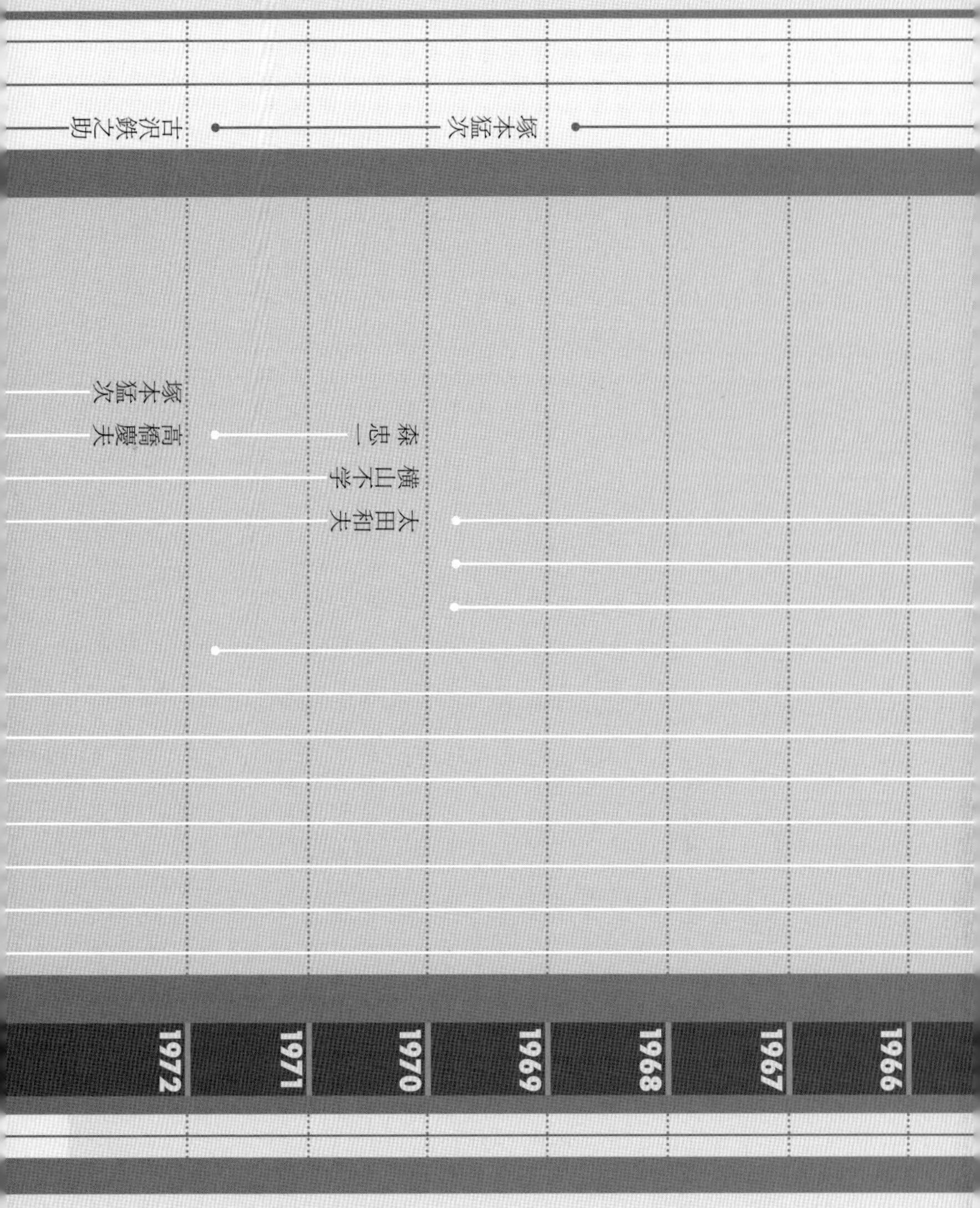
塚本猛次
吉沢鉄之助
塚本猛次
高橋慶夫
森忠一
横山不学
太田和夫
1966
1967
1968
1969
1970
1971
1972

1973 1974 1975 1976 1977 1978 1979

代表取締役

前川國男

取締役

長野八三二

永井賢城

野崎謙三

田中正蔵

松田軍平

吉原慎一郎

丹羽英二

太田和夫

横山不学

高橋慶夫

塚本猛次

村田政真

横山公男

大江宏

大場則夫

監査役員

古沢鉄之助

川口喜代枝

中山克己

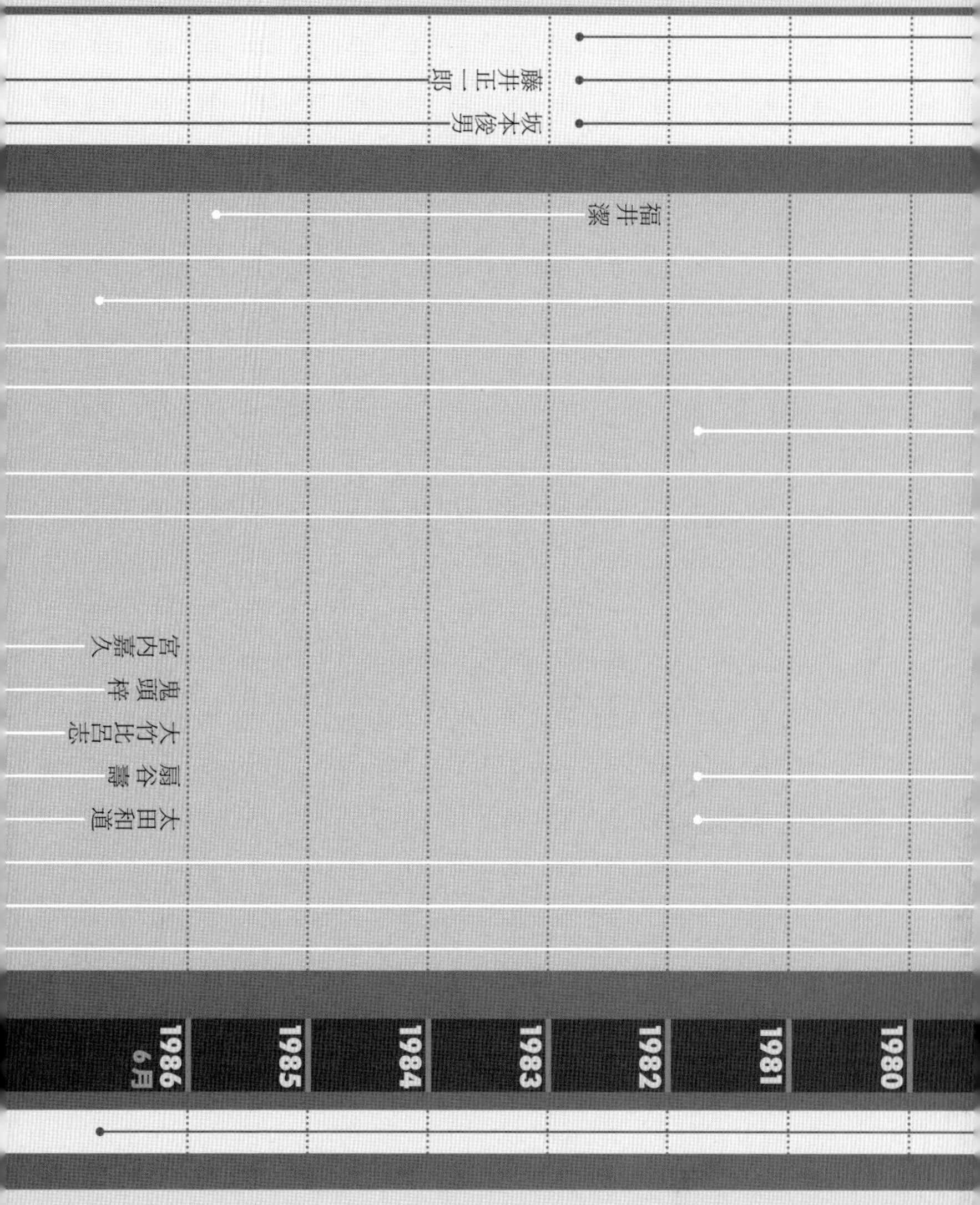

坂本俊男
藤井正一郎
福井潔
太田和道
扇谷壽
大竹比呂志
鬼頭梓
宮内嘉久
1980
1981
1982
1983
1984
1985
1986
6月

	代表取締役	取締役	監査役員
1986 12月	大江 宏	長野八三二、永井賢城、野崎謙三、太田和道、扇谷 壽、大竹比呂志、鬼頭 梓、宮内嘉久、田中清雄、太田和夫、横山不学、村田政真、横山公男、大場則夫	坂本俊男、藤井正一郎
1987			椎名政夫、林 唯夫、増沢 洵
1988	横山公男	伊藤邦明、本間利雄、渡辺武信、大江 宏	
1989		中川昭太郎	
1990		古畠誠一、鈴木 尚、中田準一	
1991			
1992		池田武邦、大宇根弘司、林田 研	

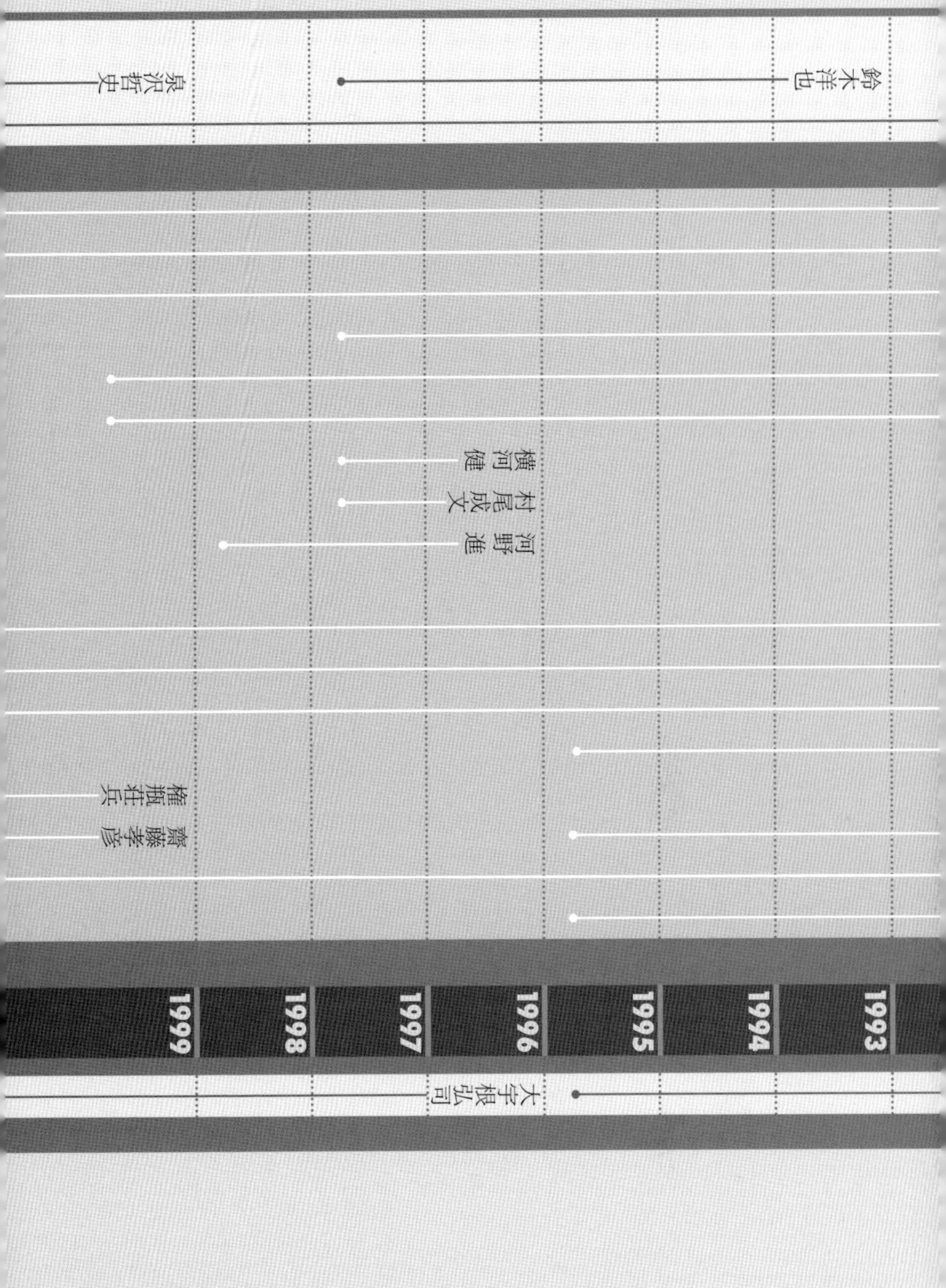
鈴木洋也
泉沢哲史
横河健
村尾成文
河野進
権瓶荘兵
齋藤孝彦
1993
1994
1995
1996
1997
1998
1999
大宇根弘司

代表取締役

大宇根弘司
南條洋雄

2000 2001 2002 2003 2004 2005 2006

取締役

古畠誠一
齋藤孝彦
権瓶荘兵
石川政夫
大竹比呂志
鬼頭梓
林田研
横河健
本間利雄
鈴木尚
大場則夫
中田準一
服部範二
東武史
阿部一尋
倉斗道夫
金子修司
林雄嗣

監査役員

椎名政夫
泉沢哲史
松田昌久

南條洋雄
竹田秀道

森口雅文
小倉浩
井上伸也
安達和男
河野進
石井誠
清水公夫
中山信二
山下昌彦
（一月三十一日退任）
福田卓司
野生司義光
石原智也

2013	2012	2011	2010	2009	2008	2007

野生司義光

2014 2015 2016 2017 2018 2019

代表取締役

野生司義光

取締役

石原智也

福田卓司

青木恵美子

小田義彦

石崎孝之

山下昌彦

中山信二

清水公夫

石井誠

河野進

金子修司

上浪寛

井上伸也

小倉浩

森口雅文

監査役員

沼田亘

竹田秀道

南條洋雄

公益社団法人 日本建築家協会（JIA）

〒150-0001
東京都渋谷区神宮前 2-3-18 JIA 館
TEL:03-3408-7125
http://www.jia.or.jp/

株式会社建築家会館

〒150-0001
東京都渋谷区神宮前 2-3-16
TEL:03-3401-6281
http://www.kenchikuka kaikan.jp/

あとがき

金曜の会は二〇〇九年四月に活動を始め、以来今日に至るまで約百回におよぶ企画を行ってきました。お招きした講師は建築家が中心ですが、構造設計者、照明家、大工棟梁や左官職人など建築分野で活躍している人や、能や法曹界に至るまで多岐にわたっています。これらの、とても楽しく貴重なお話を、建築に関心のある方々と共有したいとの思いから「金曜の会本」として、順次出版してゆくことにしました。初回は二〇一五年度に行った香山壽夫先生による六回連続講座「香山教授の炉辺談話」です。香山先生には執筆依頼に快く応じていただいたばかりでなく、建築を目指す学生が手に取って読みたくなり、専門外の皆さまにとっても読みやすいものとなるよう意を砕き、さまざまな角度からアドバイスをいただき、できあがったものが、いまあなたが手にしている朱玉の一冊です。紙面をお借りして心より感謝申し上げます。この本の扉を開くと、そばから香山先生が語りかけてくるような錯覚を覚えるでしょう。

この企画は株式会社建築家会館の大きな支援があってはじめて実現いたしました。私たちと心を一にして積極的に道筋をつけていただいた田辺支配人と温かく見守っていただいた野生司社長にはあらためてお礼申し上げます。そして、編集を強力に推進してくれた建築大好き人間である建築ジャーナルの西川さんにも感謝したいと思います。

これからもシリーズで続く予定としております「金曜の会本」の記念すべき初刊本が、読んでいただいた皆さまの心に残る一冊となることを祈念してやみません。

JIA金曜の会

香山壽夫（こうやま ひさお）

1937年……3月1日東京都に生まれる
60年……東京大学工学部建築学科卒業
65年……ペンシルバニア大学美術学部大学院修士課程修了
68–71年……九州芸術工科大学助教授
71年……東京大学助教授
75–76年……イエール大学美術史学科客員研究員
86–97年……東京大学教授、86年工学博士
97–2002年……明治大学教授
99年……ペンシルバニア大学客員教授
2002–07年……放送大学教授
07–12年……聖学院大学教授

現在香山壽夫建築研究所代表、東京大学名誉教授。
アメリカ建築家協会名誉会員、日本建築家協会名誉会員。

◉作品に九州芸術工科大学、相模女子大学図書館、曽我・平澤記念館、関川村歴史資料館、彩の国さいたま芸術劇場、聖アンデレ教会礼拝堂、東京大学工学部一号館改修、東京大学数理科学研究科、東京大学弥生講堂、可児市文化創造センター、野々市町庁舎、国立科学博物館改修、函館トラピスチヌ修道院「旅人の聖堂」、聖学院大学礼拝堂、日田市民文化会館、同志社中高等学校、伊藤国際学術研究センター、東京大学法学部三号館増築、神奈川芸術劇場、穂の国とよはし芸術劇場、東広島芸術文化ホール、久留米シティプラザ、太田市民会館、ロームシアター京都など。

◉著書に『建築意匠講義』（東京大学出版会）、『建築家の仕事とはどういうものか』『ルイス・カーンとはだれか』『人はなぜ建てるのか』『プロフェッショナルとは何か』『人を動かす設計術』（王国社）、『建築を愛する人の十二章』（左右社）、『建築のポートレート』（LIXIL出版）など。

◉企画・編集
❖株式会社建築家会館
代表取締役 野生司義光
担当……田辺 靖
❖公益社団法人日本建築家協会
関東甲信越支部建築家クラブ金曜の会
編集担当 大宇根弘司／久保田恵子／日高敏郎
協力……稲垣雅子／小倉 浩／桐原武志／連 健夫

日本建築家協会＋建築家会館
【金曜の会】の記録
香山壽夫の炉《ろ》辺《へん》談《だん》話《わ》
建築は人の心の共同の喜び

2020年10月1日 初版第1刷発行

著者……香山壽夫
発行者……企業組合建築ジャーナル　小田保彦
〒101-0032
東京都千代田区岩本町3-2-1
共同ビル(新岩本町)4F
Tel:03-3861-8101　FAX:03-3861-8205
HP:http//www.kj-web.or.jp
編集……西川直子＋山崎太資
ブックデザイン……下田麻亜也
写真・図版提供、編集協力……
香山壽夫
香山壽夫建築研究所(下川太一)
印刷・製本……倉敷印刷株式会社

定価はカバーに表示されています

ISBN978-4-86035-116-8